Die Rituale Des Abschieds

Erforschung der Bestattungspraktiken in der ganzen Welt

Inhaltsverzeichnis

Bestattungspraktiken in ozeanischen Kulturen.....................45

Bestattungspraktiken in aboriginen und tribalischen Kulturen . 51

Bestattungspraktiken in den Weltreligionen.....................56

Alternativen und innovative Bestattungspraktiken 70

Schlussfolgerung 78

Einführung

Ziel und Ansatz der Studie

Das Ziel dieser Studie über Bestattungspraktiken weltweit ist es, eine gründliche und umfassende Erkundung der Vielfalt der Bestattungspraktiken in verschiedenen Kulturen und Epochen zu liefern.

Der Ansatz besteht darin, eine strenge Methodik zu verwenden, die auf verschiedenen zuverlässigen Informationsquellen basiert, wie Fachliteratur, wissenschaftliche Artikel, historische Dokumente, Zeugnisse von Menschen aus verschiedenen Kulturen und Online-Quellen. Eine umfangreiche Recherche wurde durchgeführt, um die Informationen zu überprüfen und ihre Relevanz und Zuverlässigkeit sicherzustellen.

Die Studie wurde in verschiedene Teile gegliedert, die jeweils einer geografischen Region oder einer spezifischen Religion gewidmet sind. Es wurde auch ein Abschnitt über alternative und innovative Bestattungspraktiken hinzugefügt, um die neuesten Entwicklungen in diesem Bereich aufzuzeigen.

Das Ziel ist es, einen umfassenden Überblick über Bestattungspraktiken zu geben und dabei kulturelle und religiöse Unterschiede sowie Gemeinsamkeiten und Verbindungen hervorzuheben. Die Absicht ist zu zeigen, dass Bestattungspraktiken ein wichtiger Bestandteil des Verständnisses von Kulturen sind und dabei helfen können, die Überzeugungen und Werte verschiedener

Gemeinschaften besser zu verstehen.

Diese Studie zielt nicht darauf ab, die verschiedenen
Bestattungspraktiken zu beurteilen oder zu vergleichen,
sondern sie in ihrem kulturellen Kontext zu verstehen
und zu schätzen. Es wird gehofft, dass dieses Buch dazu
beitragen wird, die Öffentlichkeit über dieses wichtige Thema
zu informieren und das Interesse und die Reflexion über
Bestattungspraktiken weltweit anzuregen.

Struktur und Organisation des Buches

Die Struktur und Organisation dieses Buches über
Bestattungspraktiken weltweit wurden sorgfältig konzipiert,
um eine umfassende und gründliche Erkundung des
Themas zu ermöglichen. Der erste Teil untersucht die
Ursprünge und Entwicklung der Bestattungspraktiken von der
prähistorischen Zeit bis heute. Er untersucht die Entstehung
komplexer Bestattungsriten, den Einfluss von Religionen und
Glaubenssystemen auf die Bestattungspraktiken sowie die
Bedeutung der Anthropologie für ihr Verständnis.

Der zweite Teil behandelt die anthropologischen Aspekte der
Bestattungspraktiken. Er erforscht die sozialen Funktionen
von Bestattungsritualen, die symbolischen und spirituellen
Dimensionen der Bestattungspraktiken sowie Tod, Trauer
und Gedenken. Es werden auch die Bestattungskunst und
kultureller Ausdruck betrachtet.

In den folgenden Abschnitten erforscht dieses Buch die
Bestattungspraktiken in verschiedenen Kulturen weltweit. Es

beginnt mit den alten Kulturen wie Ägypten, Mesopotamien, Griechenland und Rom. Es setzt sich fort mit den asiatischen, afrikanischen, amerikanischen, ozeanischen und tribalischen Kulturen, um die spezifischen Bestattungspraktiken jeder Kultur zu untersuchen.

Es folgt ein Abschnitt über die Bestattungspraktiken in den Weltreligionen, einschließlich des Christentums, des Islam, des Judentums, des Hinduismus und des Buddhismus.

Im nächsten Abschnitt behandelt dieses Buch säkulare und alternative Bestattungen und untersucht ihren Kontext und ihr Aufkommen, die verschiedenen Arten von säkularen Zeremonien sowie ihre Abläufe, sowie die Individualisierung und Bedeutung von säkularen Bestattungen im Vergleich zu religiösen Traditionen.

Schließlich erforscht dieses Buch alternative und innovative Bestattungspraktiken wie naturnahe Bestattungssiedlungen und grüne Bestattungen, kohlenstoffarme Kremation und andere ökologische Alternativen, Kremationsasche-Streuung und kreative Gedenkstätten sowie Kryokonservierung und Körperkonservierung.

Dieses Buch bietet einen umfassenden und interessanten Überblick über Bestattungspraktiken in verschiedenen Kulturen der Welt. Wir hoffen, dass es zu einem besseren Verständnis und Wertschätzung dieser Praktiken beiträgt, die für Menschen weltweit von großer Bedeutung sind.

Ursprung und Entwicklung der Bestattungspraktiken

Prähistorische Bestattungspraktiken

Die prähistorischen Bestattungspraktiken sind ein faszinierendes Thema, das uns dabei hilft zu verstehen, wie unsere Vorfahren dem Tod begegneten und wie sie Begräbnisrituale entwickelten, um ihre Verstorbenen zu ehren. Archäologische Beweise zeigen uns, dass prähistorische Bestattungspraktiken sehr vielfältig waren und sich im Laufe der Zeit entwickelt haben.

Die ältesten bekannten Bestattungspraktiken reichen zurück in die Zeit des Neandertalers vor etwa 60.000 Jahren. Grabhügel wurden in Osteuropa entdeckt, die menschliche Überreste zusammen mit Werkzeugen, Nahrungsmitteln und Schmuck enthielten. Dies lässt darauf schließen, dass die Neandertaler eine gewisse Form von spirituellem oder religiösem Glauben hatten und an ein Leben nach dem Tod glaubten.

Die frühesten Bestattungspraktiken des modernen Menschen, Homo sapiens, datieren auf etwa 40.000 Jahre und wurden in Europa entdeckt. Die frühen modernen Menschen begruben ihre Toten in flachen Gruben und fügten oft persönliche Gegenstände wie Schmuck oder Waffen hinzu. In einigen Kulturen wurden die Körper mit rotem Ocker bedeckt, einer symbolischen Farbe, die mit Leben und Tod in Verbindung gebracht wurde.

Im Laufe der Zeit entwickelten sich die Bestattungspraktiken weiter und wurden komplexer. In Europa wurden während der Bronzezeit die Körper oft verbrannt und die Asche in Bestattungsurnen gelegt, die dann begraben wurden. Die Gräber waren oft mit Hügelgräbern oder Dolmen verbunden, steinernen Strukturen, die als Gedenkstätten dienten.

In den Amerikas praktizierten die alten Völker Mittel- und Südamerikas beispielsweise Bestattungen in der Embryonalstellung, manchmal mit Beigaben wie Schmuck oder Keramik. Die Kulturen der nordwestlichen Küste Nordamerikas praktizierten Baumgräber, bei denen die Körper in erhöhten Kisten platziert wurden.

In Afrika variierten die alten Bestattungspraktiken stark je nach Kultur. Die alten Ägypter praktizierten die Mumifizierung, bei der die inneren Organe entfernt wurden und der Körper mit chemischen Substanzen behandelt wurde, um ihn zu konservieren. Die Dogon in Mali, Westafrika, legten die Körper ihrer Vorfahren in in die Felsen gehauene Höhlen.

In Asien beinhalteten die Bestattungspraktiken oft Opfergaben an Götter oder Geister sowie Rituale, um der Seele des Verstorbenen zu helfen, ins Jenseits zu gelangen. In China wurden Gräber oft mit Figuren aus Keramik ausgestattet, die Menschen, Tiere oder materielle Güter darstellten und den Verstorbenen ins Jenseits begleiten sollten.

Zusammenfassend waren prähistorische Bestattungspraktiken vielfältig und spiegelten die Überzeugungen und kulturellen Traditionen jeder Epoche und

Region der Welt wider.

Die Entstehung komplexer Bestattungsriten

Die Entstehung komplexer Bestattungsriten markiert einen wichtigen Schritt in der Entwicklung der Bestattungspraktiken weltweit. Die ersten Spuren dieser Rituale stammen aus prähistorischer Zeit, als Menschen begannen, ihre Toten mit Gegenständen und Opfern zu bestatten. Diese Praxis zeugt bereits von einem Bewusstsein für die Bedeutung des Todes und der Notwendigkeit, den Verstorbenen auf seine Reise ins Jenseits vorzubereiten.

Mit dem Aufkommen der ersten Zivilisationen entwickelten sich die Bestattungspraktiken erheblich weiter und wurden komplexer und ausgefeilter. Monumentale Gräber und Mausoleen begannen zu entstehen, die von der Bedeutung der Erinnerung und des Gedenkens an die Toten zeugten. Die Bestattungsriten wurden auch um neue symbolische und spirituelle Dimensionen erweitert, insbesondere in polytheistischen Religionen, in denen die Götter eine Rolle im Leben nach dem Tod spielten.

Zum Beispiel war in der ägyptischen Mythologie der Gott Anubis der Wächter der Toten und überwachte das Wiegen des Herzens des Verstorbenen beim Gericht der Seele. Die Mumifizierung, die in einigen alten Kulturen wie Ägypten praktiziert wurde, trug ebenfalls zur Komplexität der Bestattungspraktiken bei, indem sie die Konservierung des Körpers des Verstorbenen ermöglichte. Auch wenn grausam, waren Menschenopfer komplexere Bestattungspraktiken, die von dem Glauben an ein Leben nach dem Tod und der Notwendigkeit, den Verstorbenen auf seinen Übergang ins Jenseits vorzubereiten, zeugten.

Im Laufe der Zeit entwickelten sich die Bestattungspraktiken weiterhin aufgrund religiöser Überzeugungen, kultureller Kontexte und technologischer Fortschritte. In der antiken griechischen Kultur zum Beispiel war die Kremation üblich, während in Mesopotamien die Toten in Jarren begraben wurden. Die verschiedenen Kulturen entwickelten auch einzigartige Traditionen, um ihre Toten zu ehren, wie zum Beispiel die alten ägyptischen Königsfamilien, die imposante Pyramiden für ihre Pharaonen bauten, oder die Bestattungsrituale des Tibets, bei denen die Toten den Geiern am Himmel überlassen werden.

Bestattungspraktiken sind nicht nur Rituale zur Ehrung der Toten, sondern auch soziale Ereignisse, die es den Gemeinschaften ermöglichen, zusammenzukommen, um gemeinsam zu gedenken und zu trauern. Die sozialen Funktionen der Bestattungsriten haben sich im Laufe der Zeit entwickelt, sind aber in heutigen Kulturen immer noch präsent. Zum Beispiel sind in einigen Regionen Afrikas Beerdigungen Gemeinschaftsereignisse, bei denen sich die gesamte Gemeinschaft versammelt, um den Verstorbenen zu ehren und die Mitglieder seiner Familie zu unterstützen.

Der Einfluss von Religionen und Glaubensrichtungen auf die Bestattungspraktiken

Der Einfluss von Religionen und Glaubensrichtungen auf die Bestattungspraktiken ist ein faszinierendes Thema, das Forscher seit Jahrhunderten fasziniert. In diesem Abschnitt werden wir erforschen, wie verschiedene Religionen und Glaubensrichtungen die Bestattungspraktiken auf der ganzen Welt beeinflusst haben.

Religion hat immer einen großen Einfluss auf die Bestattungspraktiken gehabt. In vielen Kulturen werden Bestattungsriten als heilig angesehen und im Einklang mit religiösen Traditionen praktiziert. Religion kann alle Aspekte der Bestattung beeinflussen, von rituellen Handlungen bis hin zur Beerdigung und Trauerarbeit.

In christlichen Kulturen werden Bestattungen zum Beispiel oft als Feier des Lebens und der Auferstehung betrachtet. Bestattungsriten umfassen in der Regel eine Messe, religiöse Lieder, Gebete und eine Segnung des Körpers. Christliche Gläubige glauben an ein Leben nach dem Tod, daher werden Bestattungen als wichtiger Schritt angesehen, um der Seele des Verstorbenen bei der Annäherung an Gott zu helfen.

Ebenso werden in muslimischen Kulturen Bestattungen von strengen religiösen Ritualen bestimmt. Die Körper werden gewaschen und in ein weißes Leichentuch gehüllt, bevor sie in Richtung Mekka begraben werden. Muslimische Gläubige glauben an ein Leben nach dem Tod, daher werden Bestattungen als Mittel angesehen, um den Verstorbenen auf sein Leben im Jenseits vorzubereiten.

In hinduistischen Kulturen sind Bestattungen ein wichtiger Schritt im Lebenszyklus. Gemäß den hinduistischen Überzeugungen werden die Seelen der Verstorbenen in einem neuen Leben wiedergeboren, und Bestattungen werden daher als Schritt angesehen, um der Seele bei der Erreichung ihres nächsten Lebenszustands zu helfen. Hinduistische Bestattungsriten beinhalten oft die Verbrennung des Körpers, gefolgt von der Zerstreuung der Asche in einem heiligen Fluss.

In buddhistischen Kulturen werden Bestattungen oft als Zeremonie zur Befreiung der Seele des Verstorbenen angesehen. Buddhistische Bestattungsriten beinhalten oft die Verbrennung des Körpers und das Aufsagen buddhistischer Sutras. Buddhistische Gläubige glauben an die Wiedergeburt und an die Befreiung der Seele vom Kreislauf des Leidens, daher werden Bestattungen als wichtiger Schritt angesehen, um der Seele des Verstorbenen zu helfen, diesen Zustand zu erreichen.

Allerdings werden Bestattungspraktiken nicht nur von organisierten Religionen beeinflusst. In vielen Kulturen haben traditionelle Überzeugungen und Aberglauben ebenfalls einen großen Einfluss auf die Bestattungsriten. Zum Beispiel glaubt man in einigen afrikanischen Kulturen, dass die Geister der Verstorbenen in der Welt der Lebenden bleiben, und daher werden Bestattungen als Mittel angesehen, um der Seele des Verstorbenen bei ihrem Übergang in die andere Welt zu helfen.

Die Anthropologie der Bestattungspraktiken

Die sozialen Funktionen von Bestattungsritualen

Die sozialen Funktionen von Bestattungsritualen sind vielfältig und variieren je nach Kultur und Zeit. In vielen Kulturen gelten Beerdigungen als eine der wichtigsten Etappen des Lebens, da sie ermöglichen, sich von einem geliebten Menschen zu verabschieden und ihn auf seinem Weg ins Jenseits zu begleiten. Die sozialen Funktionen von Bestattungsritualen lassen sich in verschiedene Kategorien einteilen, darunter symbolische, soziale, kulturelle und psychologische Funktionen.

Die symbolischen Funktionen von Bestattungsritualen sind mit der Bedeutung und symbolischen Werten der Bestattungspraktiken verbunden. Bestattungsrituale sind oft mit Symbolen verbunden, die kulturelle und spirituelle Bedeutungen haben. Zum Beispiel können der Blumenkranz oder der Holzsarg Respekt, Liebe und Verbundenheit repräsentieren, die die Gemeinschaft für den Verstorbenen empfindet. Bestattungsrituale können auch mit Konzepten wie Reinigung, Erlösung, Wiedergeburt oder Unsterblichkeit verbunden sein.

Die sozialen Funktionen von Bestattungsritualen sind mit der Rolle verbunden, die sie im sozialen Leben der Gemeinschaft spielen. Bestattungen bringen oft Mitglieder der Gemeinschaft zusammen und stärken die sozialen Bindungen zwischen ihnen. Sie können auch eine Rolle bei der Regulierung sozialer Beziehungen und Machtstrukturen spielen. Zum Beispiel können die Bestattungszeremonien eines Stammeshäuptlings oder politischen Führers dazu beitragen, seine Position als Anführer zu stärken und die Verbindungen zwischen der Gemeinschaft und der Macht zu festigen.

Die kulturellen Funktionen von Bestattungsritualen sind mit ihrer Rolle bei der Übertragung und Bewahrung der Kultur verbunden. Bestattungspraktiken können die Werte, Überzeugungen und Traditionen einer Kultur widerspiegeln. Sie können auch Gelegenheiten bieten, Wissen, Fähigkeiten und Erzählungen weiterzugeben, die zum kulturellen Erbe der Gemeinschaft gehören.

Die psychologischen Funktionen von Bestattungsritualen sind mit ihrer Fähigkeit verbunden, den Individuen bei der Bewältigung von Tod und Trauer zu helfen. Bestattungsrituale können eine Struktur und einen Rahmen für den Ausdruck von Emotionen, Gefühlen und Erinnerungen bieten. Sie ermöglichen es den Individuen auch, sich von einem geliebten Menschen zu verabschieden und ihren Verlust zu betrauern.

Zusammenfassend sind die sozialen Funktionen von Bestattungsritualen vielfältig und komplex. Sie spielen eine wesentliche Rolle im sozialen, kulturellen und spirituellen Leben von Gemeinschaften auf der ganzen Welt.

Die symbolischen und spirituellen Dimensionen von Bestattungspraktiken

Der Tod ist ein universelles Ereignis, das in allen Kulturen der Welt von Ritualen und Bestattungszeremonien begleitet wird. Diese Bestattungspraktiken sind geprägt von symbolischen und spirituellen Dimensionen, die die Überzeugungen, Werte und Traditionen jeder Gemeinschaft widerspiegeln.

Die symbolischen Dimensionen von Bestattungspraktiken sind mit Symbolen, Gesten und Objekten verbunden, die verwendet werden, um den Verstorbenen zu ehren und das Ende seines irdischen Lebens zu kennzeichnen. Diese Symbole sind oft mit dem Konzept des Übergangs von einem Zustand in einen anderen verbunden. Zum Beispiel repräsentiert der Sarg oder die Urne in vielen Kulturen den Körper des Verstorbenen und seinen Übergang ins Jenseits, während Blumen oder Gaben Zeichen des Respekts und der Dankbarkeit für die verstorbene Person sind.

Diese Symbole können auch verwendet werden, um Botschaften oder wichtige Ideen für die Gemeinschaft zu kommunizieren. Zum Beispiel können in manchen Kulturen die Farben oder Muster in den Bestattungskleidern die Persönlichkeit oder den sozialen Status des Verstorbenen repräsentieren. In anderen Kulturen können die Muster die familiären Bindungen oder religiösen Überzeugungen der Gemeinschaft widerspiegeln. Bestattungssymbole können also eine wichtige Rolle bei der Kommunikation und Übertragung von Werten und Traditionen jeder Kultur spielen.

Die spirituellen Dimensionen von Bestattungspraktiken

sind mit den religiösen oder spirituellen Überzeugungen und Traditionen jeder Kultur verbunden. In einigen Kulturen wird der Tod als Übergang zu einem Leben nach dem Tod betrachtet, während er in anderen Kulturen als Schritt zur Reinkarnation oder Rückkehr zum ursprünglichen Zustand betrachtet wird. Bestattungsrituale sind oft mit Gebeten, Gesängen oder Anrufungen verbunden, die darauf abzielen, die Seele des Verstorbenen zu ihrem neuen Schicksal zu führen und die Geister der Angehörigen zu beruhigen.

In vielen Kulturen sind Bestattungszeremonien auch eine Möglichkeit, die Vorfahren zu ehren und mit ihnen zu kommunizieren. Bestattungsrituale werden oft in regelmäßigen Abständen wiederholt, um die Verbindung zu den Vorfahren aufrechtzuerhalten und ihr Andenken zu bewahren. Die Traditionen und Überzeugungen bezüglich Tod und Trauer können daher eine zentrale Rolle im spirituellen und kulturellen Leben jeder Gemeinschaft spielen.

Bestattungspraktiken dienen auch dazu, soziale Bindungen zu stärken und das Andenken an die Vorfahren lebendig zu halten. In vielen Kulturen bieten Bestattungszeremonien eine Gelegenheit für Familienmitglieder und Gemeindemitglieder, sich zu versammeln, um dem Verstorbenen zu gedenken und ihren Beistand und ihre Solidarität gegenüber den Hinterbliebenen zum Ausdruck zu bringen. Bestattungsrituale können somit als Mittel der Zusammenkunft und des Trostes für die Mitglieder der Gemeinschaft dienen.

Tod, Trauer und Gedenken

Der Tod, die Trauer und das Gedenken sind allgegenwärtige Aspekte des menschlichen Lebens. Über die Kulturen hinweg haben sich Bestattungspraktiken entwickelt, um den sozialen, spirituellen und kulturellen Bedürfnissen im Zusammenhang mit dem Verlust eines geliebten Menschen gerecht zu werden.

Die Trauer ist ein komplexer Prozess, der Monate oder sogar Jahre dauern kann und in verschiedenen Formen auftreten kann, je nach Kultur und Individuum. Bestattungsrituale sind oft eine Möglichkeit für Gemeinschaften, sich gemeinsam zu versammeln, um das Andenken an den Verstorbenen zu ehren und den Hinterbliebenen bei ihrer Trauer zu helfen.

Das Gedenken hingegen dient dazu, das Andenken an den Verstorbenen zu bewahren und die Verbindung zwischen den Generationen aufrechtzuerhalten. Bestattungsdenkmäler, Todestage und Gedenktraditionen sind alles Wege, um die Erinnerung an die verstorbene Person lebendig zu erhalten.

In einigen Kulturen wird der Tod als Übergang in eine andere Welt betrachtet, in der die Seele des Verstorbenen weiterexistieren kann. In anderen Kulturen wird der Tod als das Ende des Lebens und der Beginn eines Trauerprozesses betrachtet. Die Bestattungsrituale können sich je nach diesen Überzeugungen erheblich unterscheiden.

Die Bestattungspraktiken werden auch von sozialen Normen und Geschlechterrollen beeinflusst. In einigen Kulturen haben Frauen eine wichtige Rolle bei der Organisation von

Bestattungen, während in anderen Kulturen Männer als Hauptakteure bei Bestattungsritualen gelten.

Bestattungspraktiken können auch von wirtschaftlichen Faktoren beeinflusst werden. In Gesellschaften, in denen der Zugang zu Ressourcen begrenzt ist, können Bestattungsrituale vereinfacht werden, während in wohlhabenderen Gesellschaften die Bestattungen aufwändiger sein können.

Zusammenfassend bieten Bestattungspraktiken auf der ganzen Welt einen einzigartigen Einblick in die Überzeugungen, Werte und Normen jeder Kultur. Durch die Erforschung dieser Praktiken können wir besser verstehen, wie Menschen mit Verlust und Tod umgehen und wie sie die Erinnerung an verstorbene Personen lebendig halten.

Bestattungskunst und kultureller Ausdruck

Bestattungskunst ist eine Form des kulturellen Ausdrucks, die sich in Bestattungspraktiken auf der ganzen Welt manifestiert. Sie ist in allen Kulturen vorhanden und eine wichtige Möglichkeit, zu verstehen, wie jede Gesellschaft den Tod und das Gedenken an die Toten wahrnimmt.

Die Formen der Bestattungskunst können je nach Kultur und Zeit stark variieren, haben jedoch alle das gemeinsame Ziel, die Toten zu ehren und ihr Andenken zu bewahren. Bestattungsmonumente, Gräber, Sarkophage, Urnen und Grabskulpturen sind alles Beispiele für Bestattungskunst, die geschaffen wurden, um den Verstorbenen zu ehren und an sie zu erinnern.

Bestattungskunst kann auch eine symbolische und spirituelle Bedeutung haben. Bestattungsskulpturen können Gottheiten oder religiöse Symbole repräsentieren, während Muster und Ornamente eine breitere kulturelle Bedeutung haben können. Zum Beispiel wurden die ägyptischen Hieroglyphen auf Sarkophagen und Grabstätten verwendet, um die religiösen Überzeugungen des alten Ägypten darzustellen, und chinesische Bestattungssymbole repräsentieren den Glauben an die Unsterblichkeit der Seele.

Darüber hinaus kann Bestattungskunst ein Mittel sein, um die Persönlichkeit und individuellen Vorlieben des Verstorbenen zum Ausdruck zu bringen. Bestattungsporträts waren im mittelalterlichen Europa beliebt und wurden verwendet, um das Gesicht des Verstorbenen darzustellen, während monumentale Gräber und Mausoleen oft entworfen wurden, um den Reichtum und den sozialen Status des Verstorbenen widerzuspiegeln.

Bestattungskunst kann auch die kulturellen und historischen Veränderungen im Laufe der Zeit widerspiegeln. Zum Beispiel haben sich die Bestattungsskulpturen der klassischen Antike weiterentwickelt, um realistischere Porträts der Verstorbenen einzubeziehen, während moderne Bestattungsmonumente oft minimalistischer und abstrakter sind.

Schließlich kann Bestattungskunst dazu dienen, Gemeinschaften zusammenzuführen und den Trauerprozess zu fördern. Gräber und Bestattungsdenkmäler können Pilgerstätten für Familienmitglieder und Freunde werden, während Bestattungszeremonien einen Raum für das Teilen von Erinnerungen und die Feier des Lebens des Verstorbenen bieten können.

Bestattungspraktiken in alten Kulturen

Bestattungspraktiken im alten Ägypten

Die alte ägyptische Zivilisation ist bekannt für ihre komplexen und hochritualisierten Bestattungspraktiken. Die alten Ägypter glaubten an ein Leben nach dem Tod und betrachteten den Tod als Übergang in ein ewiges Leben. Daher legten sie großen Wert auf Bestattungen, um das Überleben der Seele des Verstorbenen im Jenseits zu gewährleisten. Ägyptische Bestattungspraktiken haben sich im Laufe der Zeit entwickelt, aber einige grundlegende Bräuche blieben Tausende von Jahren lang gleich.

Eine der bekanntesten Praktiken der Ägypter ist die Mumifizierung, eine Technik zur Konservierung von Körpern, die den Eliten und Mitgliedern der königlichen Familie vorbehalten war. Die Mumifizierung beinhaltete die Entfernung der inneren Organe des Körpers, die dann in Kanopenkrügen aufbewahrt wurden. Der Körper wurde dann mit chemischen Substanzen behandelt, um ihn zu trocknen, bevor er in mehreren Schichten Leinenbinden eingewickelt wurde. Die Mumien wurden dann in prachtvoll geschmückten Särgen beigesetzt und in Gräber oder Pyramiden gelegt.

Der Bau von Pyramiden war eine weitere berühmte Bestattungspraxis im alten Ägypten. Pyramiden dienten als Grabstätten für Pharaonen und Mitglieder ihrer Familie. Sie wurden aus riesigen Steinen gebaut und wogen oft Millionen von Tonnen. Die Bestattungskammern in den Pyramiden waren mit Schätzen, Möbeln und Statuen gefüllt, die das Überleben des Verstorbenen im Jenseits gewährleisten sollten.

Unterirdische Gräber, sogenannte Mastabas, wurden ebenfalls für Bestattungen im alten Ägypten verwendet. Die Gräber waren mit Grabbeigaben wie Amuletten, Statuen und Schmuck gefüllt, die dem Verstorbenen auf seiner Reise ins Jenseits helfen sollten. Die Gräber waren oft mit Wandgemälden verziert, die Szenen aus dem Leben des Verstorbenen und Bestattungszeremonien darstellten.

Bestattungszeremonien waren eine weitere wichtige Praxis im alten Ägypten. Die Beerdigungen umfassten Gesänge, Tänze, Opfertiere und Gaben für die Götter. Die Ägypter glaubten, dass die Götter in den Prozess von Tod und Wiederauferstehung involviert waren, und sie versuchten, die Götter zu besänftigen, um sicherzustellen, dass die Seele des Verstorbenen ins Jenseits gelangt.

Neben der Mumifizierung hatten die Ägypter auch andere Bestattungspraktiken, um den Toten auf ihrer Reise ins Jenseits zu helfen. Diese Praktiken umfassten die Verwendung von Amuletten zum Schutz des Körpers, den Bau von Beerdigungsbooten, um den Körper ins Jenseits zu bringen, und die Errichtung von Scheintüren, damit die Seele des Verstorbenen zwischen den Welten wandern konnte.

Bestattungspraktiken in Mesopotamien

Die Bestattungspraktiken in Mesopotamien waren eng mit den religiösen Überzeugungen und kulturellen Traditionen der Region verbunden. Die frühen Bestattungen waren einfach, aber mit der Entwicklung der mesopotamischen Zivilisation wurden die Bestattungsrituale aufwändiger. Die Mesopotamier glaubten an ein Leben nach dem Tod und dass die Verstorbenen gut auf ihre Reise ins Jenseits vorbereitet sein mussten. Aus diesem Grund galten Bestattungsriten als extrem wichtig und notwendig.

Einer der interessantesten Aspekte der Bestattungspraktiken in Mesopotamien war die große Bedeutung, die den Bestattungsopfern beigemessen wurde. Die Verstorbenen wurden oft zusammen mit kostbaren Gegenständen wie Schmuck, Waffen, Küchenutensilien, Kleidung, Lebensmitteln und Getränken beerdigt. Diese Opfergaben sollten den Verstorbenen auf ihrer Reise ins Jenseits helfen und ihnen ermöglichen, ihre Position in der Gesellschaft nach dem Tod beizubehalten.

Es ist auch interessant anzumerken, dass Reiche und Mächtige in aufwändigeren Gräbern begraben wurden, die oft mit Inschriften und Gravuren verziert waren. Die bekanntesten Beispiele mesopotamischer Grabkunst sind die Statuen und Reliefs, die in den Ruinen alter Städte entdeckt wurden.

Die Mesopotamier praktizierten auch die Kremation, obwohl dies nicht so häufig wie die Beerdigung war. Die verbrannten Überreste wurden dann entweder begraben oder in Urnen aufbewahrt. Dies galt insbesondere für Adlige und Mitglieder der königlichen Familie, die oft aus Respekt verbrannt wurden.

Darüber hinaus wurden Bestattungen oft von religiösen Zeremonien, Tieropfern und Trauergesängen begleitet. Die Mesopotamier glaubten, dass diese Bestattungsriten notwendig waren, um dem Verstorbenen einen sicheren Übergang ins Jenseits zu ermöglichen.

Die Totenmaske des Agamemnon ist ein berühmtes Beispiel der mesopotamischen Bestattungskunst. Sie soll von einem König bei seinen Beerdigungen getragen worden sein und ist aus Gold und Silber gefertigt, mit Edelsteinen und komplexen Mustern verziert. Totenmasken waren ein wichtiger Bestandteil der mesopotamischen Bestattungskunst, und viele Beispiele wurden bei archäologischen Ausgrabungen entdeckt.

Schließlich konnten trauernde Familien professionelle Frauen engagieren, die den Verstorbenen beweinten, Trauerlieder sangen und Musik spielten. Diese Fachkräfte waren oft Frauen, die als «Klageweiber» bezeichnet wurden und eine wichtige Rolle bei mesopotamischen Bestattungsritualen spielten.

Bestattungspraktiken im antiken Griechenland

Die antiken Griechen glaubten, dass der Tod nicht das Ende des Lebens war, sondern eine Überführung in eine andere Form des Daseins. Aus diesem Grund waren Bestattungen

für die Griechen ein wichtiges Ereignis, da sie die letzte
Gelegenheit waren, dem Verstorbenen Respekt zu erweisen
und ihn auf seinem Weg ins Jenseits zu führen. Die
Bestattungspraktiken im antiken Griechenland wurden von
religiösen Überzeugungen und kulturellen Traditionen dieser
Zeit beeinflusst.

Die Bestattungen im antiken Griechenland verliefen
in der Regel in drei Schritten. Der erste Schritt war die
Vorbereitung des Körpers des Verstorbenen. Der Körper
wurde gewaschen und parfümiert und dann in spezielle
Kleidung, oft weiße Togen, gekleidet. Der zweite Schritt war
die Beerdigungsprozession, bei der der Körper auf einem
Leichenwagen zum Ort der Kremation oder Beerdigung
transportiert wurde. Während der Prozession wurden
Trauergesänge gesungen und Opfergaben zu Ehren des
Verstorbenen dargebracht. Schließlich war der dritte Schritt
die Kremation oder Beerdigung. Die Asche wurde dann in
einer Urne gesammelt oder der Körper wurde in einem Grab
oder Grabhügel beigesetzt.

Militärische Bestattungen, genannt «épitaphios logos»,
waren eine hohe Ehre für im Kampf gefallene Soldaten.
Diese Bestattungen wurden von Trauergesängen, Tänzen
und Opfergaben begleitet. Der Körper des Soldaten wurde
auf einem geschmückten Leichenwagen transportiert,
der mit Girlanden und Bändern geschmückt war, und war
von Soldaten umgeben, die Waffen trugen, sowie von
der trauernden Familie. Der Körper wurde dann auf dem
Schlachtfeld begraben.

Bestattungen im antiken Griechenland waren auch ein

wichtiges gesellschaftliches Ereignis. Die Bestattungen von Reichen und Mächtigen wurden oft mit Prunk gefeiert, mit opulenten Mahlzeiten und teuren Opfergaben. Die Bestattungen der Armen waren oft einfacher und bescheidener. Die Griechen betrachteten Bestattungen als Gelegenheit für Familie und Freunde, sich zu versammeln und sich gegenseitig in ihrer Trauer zu unterstützen.

Die Griechen entwickelten auch eine einzigartige Tradition von Bestattungen für Kinder. Verstorbene Kinder wurden als Engel betrachtet und oft in der Bestattungskunst mit Vogelflügeln dargestellt. Die Bestattungen für Kinder waren kürzer und einfacher als die Bestattungen für Erwachsene, und die Kinder wurden oft in der Nähe des elterlichen Hauses begraben.

Die Griechen schufen auch monumentale Gräber für die Toten. Die Gräber waren oft mit Skulpturen und Reliefs verziert, die den Verstorbenen und seine Familie darstellten. Die Gräber waren auch oft mit floralen Motiven und Bestattungssymbolen wie Lorbeerkronen, Schleifen und Girlanden verziert.

Bestattungspraktiken im antiken Rom

Das antike Rom hinterließ ein reiches und vielfältiges kulturelles Erbe in Bezug auf Bestattungspraktiken. Die Römer legten großen Wert auf Bestattungsriten und betrachteten die Art und Weise, wie die Toten behandelt wurden, als Spiegelbild ihrer Wichtigkeit im Leben. In diesem Abschnitt werden wir die verschiedenen Bestattungspraktiken im antiken Rom erkunden.

Zunächst ist es wichtig anzumerken, dass Bestattungen für die Römer ein sehr wichtiges Ereignis waren und oft von großen Zeremonien begleitet wurden. Bestattungen waren Gelegenheiten für Angehörige, dem Verstorbenen Respekt zu erweisen und ihm einen letzten Abschied zu bereiten. Die Zeremonien wurden in der Regel von den Angehörigen organisiert, konnten aber auch von Bestattungsvereinen oder Berufsverbänden organisiert werden.

Die Bestattungsriten unterschieden sich je nach sozialem Status des Verstorbenen. Die reichsten Bürger hatten in der Regel aufwändigere Bestattungen als weniger wohlhabende Bürger. Die Bestattungen von Mitgliedern der Kaiserfamilie waren besonders prunkvoll, mit pompösen Leichenprozessionen, Bestattungsspielen und rituellen Opfern.

Die Beerdigung war die gängigste Methode, um Körper im antiken Rom zu bestatten. Die Särge wurden oft aus Holz oder Stein hergestellt, aber es war nicht ungewöhnlich, dass die reichsten Särge mit Gold und Silber verziert waren. Die Gräber befanden sich oft entlang der Hauptstraßen, was es Passanten ermöglichte, den Verstorbenen ihre Referenz zu erweisen. Friedhöfe befanden sich oft außerhalb der Stadt, aber einige reiche Familien hatten Gräber in den unterirdischen Katakomben unter der Stadt.

Neben Beerdigungen war auch die Kremation in der antiken römischen Gesellschaft üblich. Die Römer glaubten, dass die Kremation die Seele des Verstorbenen befreite und ihm ermöglichte, in die Welt der Toten überzugehen. Die Asche wurde in der Regel in einer Urne gesammelt, die dann in einem Familiengrab oder auf einem Friedhof beigesetzt wurde.

Neben Beerdigungen und Kremation praktizierten die Römer auch die Seebestattung. Diese Praxis war den wohlhabendsten Bürgern vorbehalten und wurde oft mit einem Tod auf See in Verbindung gebracht. Die Asche wurde in der Regel in einer Urne gesammelt und dann von einem Schiff aus ins Meer geworfen.

Bestattungspraktiken in asiatischen Kulturen

Bestattungspraktiken in China

China hat eine lange Geschichte in Bezug auf Bestattungspraktiken. Die chinesische Tradition ist sehr respektvoll gegenüber den Toten und betrachtet Bestattungsriten als eine Möglichkeit, den Vorfahren Tribut zu zollen und die Familienintegrität zu bewahren. Die chinesischen Bestattungspraktiken haben sich im Laufe der Jahrhunderte entwickelt und wurden von religiösen Überzeugungen, kulturellen Traditionen und sozialen Veränderungen beeinflusst.

Die chinesischen Bestattungspraktiken haben sich im Laufe der Jahrhunderte entwickelt und wurden von religiösen Überzeugungen, kulturellen Traditionen und sozialen Veränderungen beeinflusst. Im alten China waren Bestattungen oft prunkvoll und extravagant, da sie als Mittel zum Ausdruck von Respekt und Reichtum der Familie galten. Die trauernden Familienmitglieder trugen oft weiße oder schwarze Kleidung, um ihre Trauer zum Ausdruck zu bringen. Zu den Bestattungen gehörten auch Opfergaben, rituelle Tänze, Gesänge und Gebete.

Mit der Einführung des Buddhismus und Taoismus in China begannen sich die Bestattungspraktiken zu entwickeln und spirituellere Rituale einzubeziehen. Buddhistische Mönche spielten eine wichtige Rolle bei den Bestattungen und taoistische Überzeugungen beeinflussten ebenfalls die Bestattungspraktiken in China. Zum Beispiel betrachtet der Taoismus die Seele als weiterhin nach dem Tod existierend, und sie muss vom Körper befreit werden, um zur Unsterblichkeit aufzusteigen. Diese Überzeugung führte zu Bestattungspraktiken wie der Kremation oder der Beerdigung in der Natur, um die Seele freizusetzen.

Im Laufe der Jahre wurden chinesische Bestattungspraktiken auch von sozialen Veränderungen beeinflusst. Bestattungen wurden bescheidener und weniger extravagant, mit weniger Opfergaben und Geschenken. Trauernde Familienmitglieder tragen jetzt dunkle Kleidung, aber die Tradition der weißen Trauer wird immer noch in einigen Regionen respektiert.

Heutzutage variieren die Bestattungspraktiken in China je nach Region und Religion. Einige Menschen wählen modernere und vereinfachte Bestattungen, während andere weiterhin die alten Traditionen respektieren. Die Kremation wird in China immer häufiger praktiziert, aber oft werden traditionelle Bestattungszeremonien damit verbunden.

Darüber hinaus wird in China oft nach der Bestattungszeremonie ein Grabmonument zu Ehren des Verstorbenen errichtet, sei es ein Mausoleum, ein Tempel oder ein Grab. Diese Monumente werden als Zeichen von Respekt und kindlicher Pietät gegenüber den Vorfahren angesehen.

Es ist auch wichtig zu betonen, dass chinesische Bestattungspraktiken oft mit der Politik verbunden waren. Im Laufe der chinesischen Geschichte erließen die Kaiser oft Gesetze, die Bestattungen regelten, um soziale und politische

Stabilität aufrechtzuerhalten.

Bestattungspraktiken in Japan

Die japanische Kultur hat eine lange und reiche Geschichte von Bestattungspraktiken, die sich im Laufe der Jahrhunderte entwickelt haben. Japanische Bestattungen sind tief in der Kultur und den Traditionen des Landes verwurzelt und spiegeln die religiösen und spirituellen Überzeugungen seiner Bewohner wider.

Der Shintoismus und der Buddhismus sind die beiden Hauptreligionen in Japan und haben beide einen bedeutenden Einfluss auf die Bestattungspraktiken. Japanische Bestattungen werden oft als wichtige familiäre Ereignisse angesehen, bei denen die Gemeinschaft zusammenkommt, um das Leben des Verstorbenen zu ehren und zu gedenken.

Eines der auffälligsten Merkmale japanischer Bestattungen ist das Reinigungsritual. Die Teilnehmer sind dazu verpflichtet, sich vor dem Betreten des Bestattungshauses zu reinigen, wo sich der Leichnam des Verstorbenen befindet. Diese Reinigung erfolgt durch Händewaschen und Mundspülen an einem speziellen Springbrunnen am Eingang. Diese Praxis symbolisiert die Reinigung von Körper und Geist, bevor man in das Bestattungsheiligtum eintritt.

Nach dem Betreten des Hauses bieten die Familie und Freunde des Verstorbenen Gebete und Opfergaben an. Blumen und Kerzen werden oft um den Sarg oder den

Bestattungsaltar herum platziert. Japanische Bestattungen
können religiös oder weltlich sein, und die Zeremonie kann
Reden, Gesänge und Tänze umfassen. Die Teilnehmer
können auch Geschenke an die Familienmitglieder des
Verstorbenen geben.

Nach der Zeremonie wird der Sarg zum Bestattungsort
gebracht, sei es ein Friedhof oder ein Familienmausoleum.
Die Kremation ist auch in Japan üblich, und die Asche
wird normalerweise in einer Urne beigesetzt oder in einer
Bestattungskapelle aufbewahrt.

Es ist zu beachten, dass japanische Bestattungspraktiken
je nach Region, Religion und persönlichen Vorlieben
variieren können. Moderne Bestattungen können auch
westliche Elemente wie Holzsärge oder weltliche Zeremonien
umfassen.

Bestattungspraktiken in Indien

Die Bestattungspraktiken in Indien sind alt und vielfältig und
spiegeln religiöse Überzeugungen, regionale Traditionen und
soziale Stellungen wider. Indien ist ein multi-religiöses Land,
daher variieren die Bestattungspraktiken je nach Religion.

Die Hindus, die Hauptreligion in Indien, praktizieren die
Kremation und betrachten den Tod als Übergang in einen
anderen Zustand des Daseins. Nach hinduistischem Glauben
müssen Bestattungen gemäß den vorgeschriebenen Regeln
durchgeführt werden, um die Seele des Verstorbenen zu
befreien. Die Familienmitglieder tragen weiße Kleidung,

bringen Blumen und rituelle Opfergaben für den Verstorbenen mit. Die Körper werden auf Scheiterhaufen gelegt, normalerweise an den Ufern des Flusses Ganges oder in speziell für Einäscherungen angelegten Ghâts. Nach der Kremation werden die Asche in die Gewässer des Ganges oder in einen anderen heiligen Fluss gestreut. Witwen sollen sich während der Trauerzeit den Kopf rasieren und weiß tragen.

Die Sikhs, eine weitere bedeutende Religion in Indien, praktizieren die Einäscherung oder Beerdigung. Die Sikhs glauben an Reinkarnation und die Notwendigkeit eines tugendhaften Lebens, um die Befreiung der Seele zu erreichen. Die Körper werden gewaschen und in ein weißes Leichentuch gehüllt, bevor sie in einen Holzsarg gelegt werden. Die Bestattungen finden in einem Gurdwara, dem Sikh-Gebetshaus, statt, wo Gebete rezitiert und die Gemeinschaft versammelt wird.

Muslime in Indien praktizieren die Beerdigung, da der Islam die Einäscherung verbietet. Die Körper werden gewaschen und in ein weißes Leinentuch gehüllt, bevor sie auf einem muslimischen Friedhof beerdigt werden. Die Bestattungen folgen den strengen Regeln des Islam, einschließlich des rituellen Waschens der Körper, der Ausrichtung der Körper nach Mekka und des Rezitierens von Gebeten.

Christen in Indien praktizieren die Beerdigung oder Einäscherung, abhängig von ihrer persönlichen Wahl oder den Regeln ihrer Kirche. Die Bestattungen finden in einer christlichen Kirche statt, wo Gebete rezitiert und die Gemeinschaft versammelt wird. Katholiken in Indien haben ähnliche Bestattungsriten wie ihre westlichen Gegenstücke, während die protestantischen Christen tendenziell einfachere und weniger zeremonielle Bestattungen haben.

Neben diesen Hauptreligionen haben auch die Jainas, Buddhisten und Parsis unterschiedliche Bestattungspraktiken. Die Jainas praktizieren die Einäscherung, verwenden jedoch speziell entwickelte Öfen, um die Kohlenstoffemissionen zu reduzieren. Buddhisten in Indien praktizieren Einäscherungen, aber es gibt auch buddhistische Klöster, die die Beerdigung praktizieren. Die Parsis, eine kleine Gemeinschaft in Indien, praktizieren die Beerdigung aufgrund ihrer Überzeugung, dass das Feuer heilig ist und nicht entweiht werden darf.

Es ist auch wichtig anzumerken, dass die Bestattungspraktiken in Indien je nach verschiedenen Regionen und Gemeinschaften unterschiedlich sind. Zum Beispiel werden in einigen Regionen Südindiens die Körper traditionell begraben, anstatt verbrannt zu werden, während in einigen Regionen im Norden Frauen nicht zu Bestattungen zugelassen sind.

Bestattungspraktiken in Südostasien

Die Bestattungspraktiken in Südostasien sind sehr vielfältig und spiegeln die kulturelle Vielfalt der Region wider. Die Praktiken variieren je nach Land und ethnischen Gruppen, es gibt jedoch Ähnlichkeiten in den Glaubensvorstellungen und Riten.

In Indonesien zum Beispiel gelten Bestattungen als eine der wichtigsten Ereignisse im Leben eines Menschen. Die Kremation ist die häufigste Praxis in vielen Teilen des Landes, es gibt jedoch auch ethische Gruppen, die Beerdigungen praktizieren. Bestattungen sind oft Anlässe, das Leben des Verstorbenen zu feiern und die familiären Bindungen zu stärken.

In Malaysia werden Bestattungen auch als wichtige Ereignisse angesehen. Die Rituale können je nach Ethnie und Religion des Verstorbenen variieren. Muslime, die die Mehrheit der Bevölkerung ausmachen, praktizieren die Beerdigung und die Bestattungen werden nach den Vorschriften des Islam organisiert. Nicht-Muslime können persönlichere und weniger formelle Bestattungen haben.

In Thailand werden Bestattungen ebenfalls nach religiösen Überzeugungen und lokalen Traditionen durchgeführt. Buddhisten praktizieren die Einäscherung, während Muslime und Christen tendenziell die Beerdigung bevorzugen. Bestattungen können von traditionellen Gesängen und Tänzen sowie Gebeten und Opfergaben begleitet werden.

Auf den Philippinen können Bestattungspraktiken je nach Region und Religion variieren. Die Beerdigung ist die häufigste Praxis, aber es gibt auch ethische Gruppen, die die Einäscherung praktizieren. Bestattungen können von Gesängen, Tänzen und Gebeten begleitet werden, und es ist üblich, mehrere Tage lang Trauerveranstaltungen abzuhalten.

Insgesamt sind Bestattungspraktiken in Südostasien ein Ausdruck der Bedeutung, die der Familie und der

Gemeinschaft beigemessen wird. Die Rituale sind oft
Anlässe, das Leben des Verstorbenen zu feiern und die
Verbindungen zwischen den Lebenden zu stärken. Lokale
Traditionen und religiöse Überzeugungen haben einen
wichtigen Einfluss darauf, wie Bestattungen organisiert und
gefeiert werden.

Bestattungspraktiken in afrikanischen Kulturen

Bestattungspraktiken in Nordafrika

Die Bestattungspraktiken in Nordafrika sind reich an Traditionen und Riten, die die Bedeutung des Todes im sozialen und religiösen Leben dieser Region des afrikanischen Kontinents widerspiegeln. Diese Traditionen werden stark von den religiösen Überzeugungen beeinflusst, die auf die Antike zurückgehen, aber auch von kulturellen Praktiken, die in jedem Land unterschiedlich sind.

Der Islam ist die vorherrschende Religion in Nordafrika und hat einen starken Einfluss auf die Bestattungspraktiken in der Region. Gemäß den Grundsätzen des Islam muss der Körper gewaschen, in ein weißes Leichentuch gewickelt und in einem Grab ohne übertriebene Verzierungen beerdigt werden. Die Bestattungszeremonien werden in der Regel innerhalb von 24 Stunden nach dem Todesfall abgehalten, gemäß den Lehren des Islam.

In Algerien gelten Bestattungen als sozial bedeutsames Ereignis. Die Familien veranstalten oft Beerdigungsfeiern, sogenannte «hlima», während derer religiöse Gesänge und Gebete rezitiert werden, um dem Verstorbenen bei der Überquerung der Totenbrücke zu helfen. Trauernde Frauen tragen für eine Trauerzeit von bis zu 40 Tagen schwarze Kleidung, während Männer weiße Kleidung tragen.

In Marokko werden Bestattungen ebenfalls schnell nach dem Todesfall organisiert und von einem Essen für Familienmitglieder und enge Freunde begleitet. Die Trauerzeit in Marokko dauert ebenfalls bis zu 40 Tage, während der Frauen dunkle Kleidung tragen. Bestattungen sind auch Gelegenheiten, um Solidarität zwischen den Mitgliedern der Gemeinschaft zu zeigen.

In Tunesien gelten Bestattungen als wichtige Ereignisse im Leben der örtlichen Gemeinschaften und werden häufig von komplexen Ritualen begleitet. Bestattungen werden innerhalb von 24 Stunden nach dem Todesfall organisiert und von einer Trauerzeit von bis zu einem Jahr begleitet. Während dieser Zeit besuchen Verwandte und Nachbarn die Familie des Verstorbenen, um ihr ihr Beileid und Unterstützung auszusprechen.

Insgesamt werden Bestattungspraktiken in Nordafrika von einem tiefen Respekt gegenüber den Toten und den religiösen Überzeugungen geprägt, die ihre Behandlung regeln. Die Bestattungstraditionen in der Region befinden sich auch ständig im Wandel und werden von sozialen, wirtschaftlichen und kulturellen Veränderungen beeinflusst. In einigen Fällen werden jüngere Generationen immer weniger an traditionellen Bestattungspraktiken festhalten und tendieren zu moderneren und weniger einschränkenden Praktiken.

Bestattungspraktiken in Westafrika

Die Bestattungspraktiken in Westafrika haben eine lange Geschichte und haben sich im Laufe der Zeit je nach religiösen Überzeugungen, kulturellen Traditionen und Umweltbedingungen entwickelt. Bestattungszeremonien in Westafrika wurden immer als sozial bedeutsame Ereignisse betrachtet und sind oft von spezifischen Ritualen und Überzeugungen begleitet.

In vielen Kulturen Westafrikas sind Bestattungen Gelegenheiten, das Leben des Verstorbenen zu feiern und die Bindungen zwischen den Mitgliedern der Gemeinschaft zu stärken. Bestattungsrituale beinhalten oft Tänze, Gesänge, Trommeln und Opfergaben von Nahrungsmitteln und Getränken.

In einigen Regionen Westafrikas werden die Toten mit symbolischen Gegenständen wie Schmuck, Waffen oder Kleidung begraben, die ihnen auf ihrem Weg ins Jenseits helfen sollen. In anderen Kulturen werden die Toten mit ihren Haustieren oder persönlichen Besitztümern beerdigt, um sie auf ihrer Reise ins Jenseits zu begleiten.

Bestattungspraktiken in Westafrika variieren auch je nach Religion. Die Muslime, die einen bedeutenden Teil der Bevölkerung in vielen Ländern der Region ausmachen, haben spezifische Bestattungspraktiken. Die Toten werden in der Regel am Tag ihres Todes mit einem einfachen Grabstein, der ihren Standort markiert, begraben. Die Christen haben ähnliche Bestattungspraktiken wie im Westen mit Vigilien, Messen und Bestattungen auf Friedhöfen.

Dennoch stehen Bestattungspraktiken in Westafrika auch
vor Herausforderungen. Die hohen Kosten für Bestattungen,
insbesondere in großen Städten, können für Familien
eine finanzielle Belastung darstellen. Die Friedhöfe sind
oft überfüllt, und die schnelle Urbanisierung der Region
erschwert die Verfügbarkeit von Land für Friedhöfe
zunehmend.

Trotz dieser Herausforderungen spielen Bestattungspraktiken
in Westafrika weiterhin eine wichtige Rolle in der Kultur und
Gesellschaft der Region. Es ist wichtig, die Entwicklung der
Bestattungspraktiken in dieser Region zu verstehen und ihre
Rolle bei der Gestaltung der kulturellen Identität zu erkennen.
Bestattungspraktiken bieten einen einzigartigen Einblick
in die Art und Weise, wie sich Kulturen im Laufe der Zeit
entwickelt haben und wie wichtig der Tod für menschliche
Gesellschaften ist.

Bestattungspraktiken in Zentralafrika

Die Bestattungspraktiken in Zentralafrika sind ein wichtiger
Aspekt der Kultur und Tradition dieser Region. Obwohl
es Unterschiede zwischen den Ethnien, Religionen und
Überzeugungen gibt, haben diese Bestattungspraktiken
Gemeinsamkeiten im Respekt vor den Toten und dem
Wunsch, den Geist des Verstorbenen ins Jenseits zu führen.

Bestattungsriten in Zentralafrika sind oft Anlässe für ein
bedeutendes Zusammenkommen der Gemeinschaft, um
das Leben des Verstorbenen zu feiern und der Familie
ihre Unterstützung auszudrücken. In einigen Kulturen

werden Bestattungszeremonien mit Tänzen, Gesängen und Opfergaben von Nahrungsmitteln und Getränken gefeiert, um das Leben des Verstorbenen zu ehren und seinen Geist ins Jenseits zu führen. In anderen Kulturen sind Bestattungszeremonien eher intim und auf enge Familienmitglieder beschränkt.

Im Laufe der Jahre haben sich die traditionellen Bestattungspraktiken in Zentralafrika entwickelt, um kulturelle und religiöse Einflüsse einzubeziehen. Bei den Fang, einer Ethnie aus Kamerun, zum Beispiel werden die Schädel der Vorfahren als heilige Relikte betrachtet und in speziellen Ritualen verwendet. Bei den Kongo, einer Ethnie in der Demokratischen Republik Kongo, wird der Körper in einem hausförmigen Grab beigesetzt, und Opfergaben werden dargebracht, um den Geist des Verstorbenen zu besänftigen.

Der Einfluss des Christentums und des Islam in der Region hat auch die traditionellen Bestattungspraktiken beeinflusst. In Gebieten, wo diese Religionen vorherrschen, werden Bestattungen oft im Einklang mit religiösen Bräuchen abgehalten und können Gebete und spezifische Zeremonien beinhalten.

Darüber hinaus werden die Bestattungspraktiken in Zentralafrika auch von sozialen und wirtschaftlichen Veränderungen beeinflusst. Technologische Fortschritte haben neue Möglichkeiten geschaffen, um den Toten Respekt zu erweisen, wie z.B. die Schaffung von Bestattungsmonumenten, Online-Gedenkstätten oder landschaftsgärtnerischen Friedhöfen. Darüber hinaus haben Wanderungsbewegungen und Handelsbeziehungen zu kulturellen und religiösen Veränderungen geführt, die ebenfalls die Bestattungspraktiken in der Region beeinflusst haben.

Bestattungspraktiken in Ost- und Südafrika

Die Bestattungspraktiken in Ost- und Südafrika sind sehr vielfältig und spiegeln den kulturellen und spirituellen Reichtum der Region wider. Bestattungsriten bieten Gelegenheit für Gemeinschaften, zusammenzukommen, gemeinsam zu trauern und das Leben ihrer verstorbenen Angehörigen zu feiern. In diesem Teil Afrikas werden Bestattungspraktiken von traditionellen Überzeugungen, importierten Religionen und westlichen Einflüssen beeinflusst.

In den Kulturen Ostafrikas haben Bestattungspraktiken oft eine starke gemeinschaftliche Dimension. Beispielsweise werden bei den Swahili an der Küste Kenias die Bestattungen oft von lokalen Gemeindevereinigungen organisiert, die sich um die Organisation von Zeremonien und Mahlzeiten kümmern. Die trauernden Familien sind nicht allein in ihrer Trauer, sondern umgeben von einer Gemeinschaft, die sie in dieser schwierigen Zeit unterstützt. Bei den Massai werden Verstorbene oft in der Nähe des Dorfes begraben, oft unter einem heiligen Baum, und die Bestattungszeremonien werden von traditionellen Tänzen und Gesängen begleitet.

In den Kulturen Südafrikas können die Bestattungspraktiken sehr unterschiedlich sein. Bei den Zulu in Südafrika zum

Beispiel sind Bestattungen oft ein großes Ereignis, bei dem Opfertiere geschlachtet werden, um den Verstorbenen zu ehren. Die Zeremonien werden von traditionellen Tänzen und Gesängen geprägt, und es gibt einen Geschichtenerzähler, der die Geschichte des Verstorbenen erzählt.

In vielen afrikanischen Kulturen werden die Toten mit symbolischen Gegenständen wie Schmuck, Kleidung oder Waffen begraben, die ihnen auf ihrer Reise ins Jenseits helfen sollen. Die traditionellen Vorstellungen über den Tod und das Jenseits sind in Afrika sehr vielfältig, aber viele betonen die Kontinuität des Lebens nach dem Tod. Bei den Yoruba in Nigeria zum Beispiel glaubt man, dass die Toten in ein Königreich der Ahnen gehen, in dem sie weiterhin unter ihresgleichen leben.

Die importierten Religionen haben ebenfalls einen großen Einfluss auf die Bestattungspraktiken in Ost- und Südafrika. Bei den Christen in Südafrika können Bestattungen sehr ähnlich sein wie in westlichen Ländern, mit Särgen, Kirchen und Priestern. Auch in diesem Kontext werden jedoch oft afrikanische kulturelle Elemente in die Zeremonien integriert, wie z.B. traditionelle Tänze und Gesänge auf Zulu.

Schließlich haben auch westliche Einflüsse die Bestattungspraktiken in Ost- und Südafrika geprägt. So werden in einigen Städten in Südafrika aufgrund der Überfüllung der Friedhöfe und des Platzmangels zunehmend Verbrennungen bevorzugt. Gleichzeitig können ökologische und grüne Bestattungen aufgrund von Papp-Särgen und biologisch abbaubaren Urnen immer beliebter werden. Weltliche Bestattungen gewinnen ebenfalls an Bedeutung,

indem sie den Familien die Möglichkeit bieten, die Bestattung
ihrer Angehörigen entsprechend ihrem Leben und ihren
Leidenschaften zu gestalten.

Trotz dieser äußeren Einflüsse sind die Bestattungspraktiken
in Ost- und Südafrika tief verwurzelt in den kulturellen
und spirituellen Traditionen lokaler Gemeinschaften. Die
Bestattungszeremonien sind oft eine Mischung aus alten
Praktiken und neuen Elementen, die zeigen, wie sich Kulturen
im Laufe der Zeit entwickeln.

Bestattungspraktiken in ozeanischen Kulturen

Bestattungspraktiken in Australien

Die Bestattungspraktiken in Australien sind ein faszinierendes Thema mit einer langen Geschichte, die Tausende von Jahren zurückreicht. Die australischen Ureinwohner haben eine reiche und komplexe Kultur, die von einzigartigen Traditionen und Glaubensvorstellungen, einschließlich des Todes und der Trauer, durchdrungen ist.

Die australischen Ureinwohner haben eine ganzheitliche Vorstellung vom Tod, der ein integraler Bestandteil des Lebens und der Natur ist. Gemäß ihrer Kosmologie wird der Geist der Verstorbenen als fester Bestandteil der natürlichen Welt angesehen, was bedeutet, dass ihr Tod nicht als Endpunkt betrachtet wird, sondern als Übergang in einen anderen Zustand des Daseins. Für die Ureinwohner ist der Tod ein natürlicher Anlass, der gefeiert statt gefürchtet werden sollte.

Die Ritualpraktiken der australischen Ureinwohner sind vielfältig und können je nach Regionen und Kulturen variieren. Sie haben jedoch oft gemeinsame Elemente wie die Vorbereitung des Körpers, die Beerdigung oder Einäscherung, die Totenwache und den Gesang. Funerale Gesänge, die oft eine Mischung aus Sprachen und traditionellen Liedern sind, spielen eine wichtige Rolle in der Zeremonie, da sie den Geist des Verstorbenen befreien und die Lebenden beruhigen.

Die Ureinwohner glauben auch, dass Begräbnisstätten
heilig sind und nicht gestört werden dürfen. Für sie ist die
Verbindung zwischen der Begräbnisstätte und dem Geist des
Verstorbenen untrennbar. Es ist wichtig, diese Verbindung
zu respektieren, um negative Auswirkungen auf die
Gemeinschaft zu vermeiden.

Allerdings wurden mit der Ankunft europäischer Siedler
die Bestattungspraktiken der australischen Ureinwohner
unterdrückt und verboten. Über mehrere Jahrzehnte
hinweg mussten die Ureinwohner ihre Bestattungsrituale
im Geheimen praktizieren und verbergen. Die
Bestattungstraditionen der Ureinwohner begannen in
den 1970er Jahren, mit dem Aufkommen der Aborigines-
Bürgerrechtsbewegung, wieder in der Öffentlichkeit
auftauchen.

Heutzutage sind moderne aborigine Bestattungen eine
Mischung aus traditionellen Bräuchen und Elementen der
westlichen Kultur. Viele Aborigines integrieren traditionelle
Gesänge, christliche Gebete und Elemente der Popkultur
in ihre Bestattungszeremonien. Die modernen aborigine
Bestattungen spiegeln die kulturelle Entwicklung der
Aborigines-Gemeinschaft wider, sowie ihren Wunsch, ihre
traditionellen Bräuche zu bewahren und zu pflegen, während
sie sich an eine sich ständig weiterentwickelnde Welt
anpassen.

Bestattungspraktiken in Neuseeland

Die Bestattungspraktiken der Māori sind von Symbolik und Tradition durchdrungen und tief mit ihrer Beziehung zur Natur und der spirituellen Welt verbunden. Die Māori glauben, dass der Tod nicht das Ende, sondern vielmehr ein Übergang in einen anderen Zustand des Seins ist. Daher werden Bestattungen als Übergangsritus verstanden, bei dem der Verstorbene den Zustand des Lebens in den Zustand des Todes übergeht.

Wenn ein Māori stirbt, beginnt die Familie mit der Vorbereitung auf das tangi, die Bestattungszeremonie. Der Körper wird gewaschen und in festliche Kleidung wie den kahu huruhuru, einen Umhang aus heiligen Vogelfedern, gekleidet. Der Umhang soll den Geist des Verstorbenen schützen und symbolisiert die Verbindung zwischen dem Verstorbenen und seinen Vorfahren.

Die Familienmitglieder können die Nacht mit dem Körper verbringen, als Zeichen des Respekts und des Abschieds. Die Familie kann sich auch dafür entscheiden, den Körper einige Tage vor dem tangi auszustellen, um der Gemeinschaft die Möglichkeit zu geben, dem Verstorbenen die letzte Ehre zu erweisen.

Am Tag des tangi versammeln sich Familienmitglieder und Freunde, um gemeinsam zu trauern und das Andenken des Verstorbenen zu ehren. Die tangi-Zeremonien können mehrere Tage dauern, während derer Familienmitglieder Geschichten und Erinnerungen über den Verstorbenen teilen können. Die Familienmitglieder können auch Moko, traditionelle Tätowierungen, erhalten, um die Erinnerung an den Verstorbenen zu ehren.

Während des tangi werden Gesänge und Tänze begleitet von Weihrauch- und Rauchgeruch aufgeführt. Auch das Teilen von Nahrung als Zeichen des Respekts und des Trostes ist üblich. Traditionelle Speisen wie hangi, eine in einem Erdofen zubereitete Mahlzeit, werden bei den Bestattungen oft serviert.

Am Ende des tangi wird der Körper an einem heiligen Ort, in der Regel einem Marae (ein Gemeinschaftstreffpunkt) oder einem Familienfriedhof, beigesetzt. Die Familienmitglieder können auch persönliche Gegenstände wie Fotos, Schmuck und Briefe in den Sarg legen.

In Neuseeland ist auch die Praxis der Exhumierung und Umsiedlung der Überreste von Vorfahren für die Māori von Bedeutung. Diese Praxis ermöglicht es, eine spirituelle Verbindung zu den Vorfahren aufrechtzuerhalten und sie auf eine neue Weise zu ehren. Dabei werden die Überreste eines Verstorbenen aus Gründen der Kultur und Religion oder um die Überreste näher an die Familie heranzuführen, von einem Begräbnisort an einen anderen verlegt.

Bestattungspraktiken in den pazifischen Inseln

Die Bestattungspraktiken in den pazifischen Inseln sind vielfältig und reich an kulturellen Symbolen. Die Bestattungstraditionen der Region wurden von Faktoren wie der Geografie, der Geschichte und der Kultur beeinflusst.

In diesem Abschnitt werden wir die Bestattungspraktiken verschiedener pazifischer Inseln erkunden und die Unterschiede und Gemeinsamkeiten hervorheben.

In polynesischen Inseln wie Tahiti, Samoa und Tonga waren Bestattungen traditionell wichtige Ereignisse im Gemeinschaftsleben. Die Körper wurden traditionell in Bananen- oder Pandanusblätter gewickelt und dann in Erdgräbern beigesetzt. Es wurden Abschiedszeremonien für die Verstorbenen abgehalten, die oft Gesänge, Tänze und Speiseopfer umfassten. Die Gräber waren mit Gravursteinen und hölzernen Ahnenstatuen geschmückt.

Auf den Fidschi-Inseln werden Bestattungen ebenfalls als wichtiges Gemeinschaftsereignis angesehen. Die Verstorbenen werden oft embalsamiert und mehrere Wochen lang in speziellen Leichenhäusern ausgestellt. Während dieser Zeit finden Trauerandachten und Gesangszeremonien statt, und die Familienmitglieder tragen schwarze und weiße Kleidung als Zeichen der Trauer. Die eigentlichen Bestattungen werden oft von traditionellen Gesängen und Tänzen begleitet.

In mikronesischen Inseln wie den Marshallinseln und den Karolinen werden Bestattungen ebenfalls als wichtige Ereignisse im Gemeinschaftsleben betrachtet. Die Verstorbenen werden oft in Steingräbern beerdigt, und Trauerzeremonien sind oft von traditionellen Tänzen und Gesängen begleitet. Familienmitglieder tragen oft Muschelhalsketten als Zeichen der Trauer.

Auf den östlichen Sunda-Inseln wie Bali und Timor sind

Bestattungen oft mit animistischen Glaubensvorstellungen verbunden. Die Körper werden traditionell verbrannt, und die Asche wird anschließend in dekorativen Urnen beigesetzt oder ins Meer verstreut. Bestattungen werden oft von traditionellen Tänzen und Gesängen begleitet, sowie von Tieropfern.

In den Salomonen werden Bestattungen oft mit christlichen Glaubensvorstellungen verbunden. Die Körper werden in Erdgräbern beerdigt, und die Familienmitglieder organisieren Trauerfeiern. Bestattungen können Gesänge und religiöse Gebete beinhalten.

Bestattungspraktiken in aboriginen und tribalischen Kulturen

Bestattungspraktiken der nordamerikanischen Ureinwohner

Die Bestattungspraktiken der nordamerikanischen Ureinwohner sind vielfältig und voller Symbolik. Diese Traditionen sind tief in der Kultur, den Glaubensvorstellungen und Werten jeder Stammesgemeinschaft verwurzelt und spiegeln die Bedeutung der Gemeinschaft, der Natur und des Jenseits für diese indigenen Völker wider.

Die indianischen Bestattungszeremonien sind oft kollektiv und gemeinschaftlich und zielen darauf ab, den Verstorbenen zu ehren, seine Seele ins Jenseits zu leiten, den Gemeindemitgliedern Gelegenheit zur Trauer zu geben und die sozialen Bindungen unter den Lebenden zu stärken. Die Rituale können Gesänge, Tänze, Trommeln, Gebete und Opfergaben umfassen, die alle eine besondere symbolische Bedeutung haben.

Die indianischen Vorstellungen vom Tod und Jenseits variieren je nach Stamm und Region. Einige Stämme glauben, dass die Toten in einer spirituellen Welt weiterleben und mit den Lebenden kommunizieren können. Andere glauben, dass die Toten zur Erde zurückkehren und ein integraler Bestandteil der Natur werden. In der indianischen Tradition wird der Tod oft als Übergang zu einem anderen Zustand des

Daseins betrachtet, anstatt als endgültiges Ende.

Auch die Vorbereitung des Leichnams kann von Stamm zu Stamm variieren. In einigen Kulturen wird der Körper gewaschen und in seine schönsten Kleider gekleidet. In anderen wird er in eine Decke gehüllt und auf einer Plattform oder einem Totenpfahl platziert. Die Verstorbenen werden oft mit Gegenständen begraben, die ihnen zu Lebzeiten wichtig waren, wie Waffen, Schmuck, Musikinstrumente oder Lebensmittelopfergaben. Diese symbolischen Gegenstände sollen die Seele des Verstorbenen auf ihrer Reise ins Jenseits unterstützen und ihr die Mittel zur Verteidigung gegen möglicherweise bedrohliche Geister geben.

Indianische Bestattungsrituale können auch die Errichtung eines Totems, eines Grabmals oder einer speziellen Bestattungsstruktur umfassen, um das Grab des Verstorbenen zu kennzeichnen. Diese Strukturen werden oft mit für den Stamm wichtigen Symbolen und Motiven versehen, um die Bedeutung von Kultur und Tradition zu unterstreichen.

Es ist wichtig zu betonen, dass die indianischen Bestattungspraktiken in der Populärkultur oft missverstanden oder stereotypehaft dargestellt wurden. Es ist jedoch von entscheidender Bedeutung, die Bedeutung dieser Traditionen für die indianischen Gemeinschaften anzuerkennen und ihr Recht zu respektieren, ihre Glaubensvorstellungen und Bestattungsbräuche auszuüben.

Bestattungspraktiken der Amazonasstämme

Die Amazonasstämme haben einzigartige Kulturen, die sich in ihren Bestattungspraktiken widerspiegeln. Diese Praktiken basieren oft auf animistischen Überzeugungen, die der Natur große Bedeutung beimessen. Die Amazonasstämme sehen den Tod als Übergang von einer Welt in eine andere an, und die Seele muss auf diesem Weg begleitet werden, damit der Verstorbene sicher die spirituelle Welt erreichen kann.

Die Bestattungsrituale dieser Stämme beinhalten oft den Bau eines Totenpfahls, auf dem der Leichnam des Verstorbenen der Natur ausgesetzt wird. Diese Aussetzung dient dazu, dem Verstorbenen die letzte Ehre zu erweisen und es der Gemeinschaft zu ermöglichen, Abschied zu nehmen, während der natürliche Zersetzungsprozess voranschreitet. Die Stammesmitglieder können dem Toten auch Opfergaben nahelegen, um der Seele beim Übergang ins Jenseits zu helfen. Diese Opfergaben bestehen oft aus natürlichen Gegenständen wie Pflanzen, Früchten oder Samen, die für den Stamm symbolische Bedeutung haben.

Sobald der Leichnam ausreichend lange der Natur ausgesetzt war, wird er vom Totenpfahl entfernt und entweder begraben oder verbrannt. Die Amazonasstämme haben spezifische Bestattungspraktiken, die von Stamm zu Stamm variieren. Zum Beispiel begraben die Yanomami ihre Toten in ihren Häusern, während die Urarina ihre Toten in flachen Gräbern im Wald beisetzen. Die Stämme haben auch Traditionen, die die Verwendung von Totenmasken oder das Aufführen von besonderen Gesängen und Tänzen während der Bestattungszeremonie beinhalten.

Diese einzigartigen Bestattungspraktiken der Amazonasstämme sind wichtig für ihre Kultur und Gemeinschaft. Sie ermöglichen die Verbindung zur Natur und stärken familiäre und gemeinschaftliche Bindungen. Darüber hinaus tragen diese Bestattungspraktiken zur Aufrechterhaltung der Traditionen und Glaubensvorstellungen jedes Stammes bei.

Allerdings sind diese Bestattungspraktiken durch die Ausbeutung des Amazonasgebiets und die Globalisierung bedroht. Die Amazonasstämme sind dem Druck ausgesetzt, ihre Traditionen zugunsten westlich geprägter Bestattungspraktiken aufzugeben. Zum Beispiel werden Einbalsamierung oder die Verwendung von Särgen bei einigen Stämmen immer häufiger. Dieser kulturelle Druck kann zu einem Verlust des kulturellen und spirituellen Erbes der Amazonasstämme führen.

Bestattungsrituale der Stammesvölker in Asien

Die Bestattungsrituale der Stammesvölker in Asien sind reich an Vielfalt und Symbolik und spiegeln die Glaubensvorstellungen und Werte jeder Kultur wider. In diesem Abschnitt werden wir uns einige der bemerkenswertesten Bestattungspraktiken dieser Stammesvölker genauer ansehen.

In einigen Kulturen, wie bei den Dayak-Stämmen in Borneo, werden die Verstorbenen in hängenden Särgen, genannt «Liang Lahat», begraben. Die Särge werden an steilen Klippen oder hohen Bäumen angebracht, um die Körper vor Tieren zu schützen und um den Ahnen Respekt zu erweisen. Nach dem Glauben der Dayak-Stämme stellt diese Praxis sicher, dass die Seelen der Verstorbenen in den Himmel aufsteigen.

Die Naga, ein Stamm in Nordostindien, praktizieren die Kremierung der Körper, aber ihre Bestattungsrituale beinhalten auch einen Kriegstanz namens «Thikriya» zu Ehren der Toten. Die Tänzer tragen Waffen und Federkopfschmuck, um ihre Tapferkeit und ihren Respekt für die Verstorbenen zu symbolisieren. Der Tanz soll böse Geister vertreiben und den Seelen der Verstorbenen helfen, die Welt der Geister zu erreichen.

Bei den Bergstämmen in Vietnam werden die Toten in riesigen Holzsärgen namens «Bo Ma» begraben. Diese Särge werden von Hand aus Baumstämmen geschnitzt und sollen die Körper der Verstorbenen vor Überschwemmungen und wilden Tieren schützen. Oft werden die Särge auf Klippen oder erhöhten Flächen platziert, um den Verstorbenen Ehre zu erweisen und ihre Reise ins Jenseits zu gewährleisten.

Schließlich werden bei den nomadischen Stammesvölkern in Kirgisistan die Toten traditionell in Steinbestattungen namens «Kurgan» begraben. Die Kurgans werden oft mit Edelsteinen, bunten Stoffen und religiösen Symbolen verziert, um den Verstorbenen zu ehren und ihrer Seele den Weg ins Paradies zu erleichtern. Die Bestattungen beinhalten auch Gebets- und Opferrituale, um die Ruhe der Seele des Verstorbenen zu gewährleisten.

Bestattungspraktiken in den Weltreligionen

Bestattungspraktiken im Christentum

Die Bestattungspraktiken im Christentum haben eine reiche Geschichte, die bis zur Zeit der frühen Christen zurückreicht. Obwohl sich die Praxis im Laufe der Jahrhunderte und in verschiedenen Regionen entwickelt hat, bleibt sie in den Überzeugungen und Traditionen der Religion verwurzelt.

Christliche Beerdigungen sind oft mit Kirchen verbunden, können aber auch in Bestattungskapellen oder Friedhöfen stattfinden. Das Ziel dieser Riten ist es, den Gläubigen beim Abschiednehmen von ihren Lieben zu helfen und für ihre Seele zu beten.

Eine der wichtigsten Praktiken bei christlichen Beerdigungen ist die Trauermesse. Diese Zeremonie wird für den Verstorbenen abgehalten und soll den Hinterbliebenen Frieden und Trost bringen. Bibellesungen, liturgische Gesänge und Predigten werden häufig genutzt, um die Hoffnung auf das ewige Leben zu unterstreichen. In einigen Zweigen des Christentums kann vor der Beerdigung eine Totenwache abgehalten werden, bei der sich die Angehörigen versammeln, um zu beten und sich gegenseitig in ihrer Trauer zu unterstützen.

Die christliche Bestattungspraxis beinhaltet auch die Verwendung von Symbolen wie dem Kreuz, das den Tod und die Auferstehung Jesu Christi repräsentiert. Kerzen können angezündet werden, um das ewige Leben zu symbolisieren. Der Sarg kann mit Blumen und anderen Dekorationen geschmückt werden, um das Leben des Verstorbenen zu würdigen.

Christliche Beerdigungen betonen die Vorstellung, dass der Tod nicht das Ende ist, sondern der Beginn eines ewigen Lebens bei Gott. Diese Überzeugung wird durch Bibellesungen gestärkt, die das Leben nach dem Tod betonen. Durch das christliche Ritual wird versucht, die Familien in ihrer Trennung zu begleiten und die Hoffnung auf ein ewiges Leben zu betonen.

Obwohl die Praktiken je nach christlicher Konfession variieren, umfassen gemeinsame Elemente die Trauermesse, die Totenwache, die Verwendung von Symbolen und die Lehre vom ewigen Leben. Tatsächlich sind christliche Bestattungspraktiken tief verwurzelt in den Überzeugungen und Traditionen der Religion. In einigen Kulturen können auch traditionelle Lieder gesungen werden, um den Verstorbenen zu ehren und sein Leben zu feiern.

Im Laufe der Zeit haben sich die christlichen Bestattungspraktiken weiterentwickelt, um auch persönlichere und kulturelle Praktiken einzubeziehen. Zum Beispiel können in einigen christlichen Gemeinschaften Tänze oder Lieder praktiziert werden, die die kulturellen Traditionen der Region widerspiegeln.

Bestattungspraktiken im Islam

Bestattungspraktiken im Islam sind stark codiert und haben eine große kulturelle und religiöse Bedeutung für Muslime. Bestattungsriten sind eine religiöse Pflicht und gelten als ein Akt der Frömmigkeit gegenüber den Toten.

Wenn ein Muslim stirbt, ist der erste Schritt im Bestattungsprozess das rituelle Waschen des Körpers, das als «ghusl» bezeichnet wird. Diese Waschung muss von Mitgliedern der muslimischen Gemeinschaft des gleichen Geschlechts wie der Verstorbene durchgeführt werden, gemäß der islamischen Tradition. Die Intimbereiche des Körpers werden während des Waschens jederzeit bedeckt, das Waschen erfolgt mit Wasser und Seife. Die Angehörigen können auch an der Waschung teilnehmen, in der Regel wird sie jedoch von Mitgliedern der Gemeinde durchgeführt.

Sobald der Körper gewaschen wurde, wird er in ein weißes Leichentuch namens «kafan» gehüllt. Das Kafan besteht aus drei Stoffstücken: einem unteren Laken, einem oberen Laken und einer Decke. Frauen tragen in der Regel Kafans, die ihren gesamten Körper bedecken, während Männer Kafans tragen, die nur vom Bauchnabel bis zu den Knien reichen. Das Kafan soll Demut und Gleichheit vor Gott symbolisieren, da alle Menschen nach dem Tod gleich behandelt werden.

Der in das Leichentuch gehüllte Körper wird dann zur Moschee gebracht, um das Totengebet, genannt «salat al-janazah», zu verrichten. Das Gebet wird in der Regel von einem Imam geleitet und ist ein gemeinschaftliches Gebet, das von der muslimischen Gemeinschaft zum Gedenken an den Verstorbenen durchgeführt wird. Das Gebet umfasst vier Takbirs («Allah ist groß») und die Mitglieder der Gemeinschaft stehen hinter dem Imam in Reihen zum Gebet. Frauen können ebenfalls am Gebet teilnehmen, beten jedoch in der Regel hinten im Raum.

Nach dem Totengebet wird der Körper zum Friedhof transportiert, wo er in einer nach Mekka ausgerichteten Grube begraben wird. Vor der Beerdigung wird ein kleines Loch namens «qabr» in das Grab gegraben. Der in das Leichentuch gehüllte Körper wird dann in die qabr gelegt und mit Erde bedeckt. Die Angehörigen können vor dem Abschiednehmen eine Handvoll Erde auf den Körper werfen.

Die muslimische Tradition fördert Einfachheit und Demut bei Bestattungen, was bedeutet, dass prunkvolle Schmuckstücke oder Gräber nicht erlaubt sind. Muslimische Friedhöfe sind oft in Abschnitte für Männer und Frauen unterteilt, und jedes Grab ist durch einen flachen Stein ohne Inschrift oder eine einfache Plakette mit dem Namen des Verstorbenen sowie den Geburts- und Sterbedaten gekennzeichnet.

Im Islam wird der Tod als Übergang in ein anderes ewiges Leben betrachtet, in dem der Verstorbene sein Verhalten während seines Lebens beurteilt wird. Daher wird die Trauer als Akt der Geduld und des Gehorsams gegenüber dem Willen Gottes betrachtet. Die Mitglieder der muslimischen Gemeinschaft werden ermutigt, den Familien des Verstorbenen in dieser schwierigen Zeit Unterstützung und Hilfe anzubieten, indem sie Essen bringen und beim Trauern anwesend sind, um den Schmerz der Familie zu lindern.

Bestattungen sind eine Zeit des Trauerns für die Angehörigen des Verstorbenen, werden aber auch als Feier des ewigen Lebens betrachtet, dem der Verstorbene nach seinem Tod beigetreten ist. Die islamische Tradition ermutigt die Mitglieder der Gemeinschaft, sich an das ewige Leben zu erinnern und sich gegenseitig zu trösten, indem sie wissen, dass der Verstorbene ein besseres Leben nach dem Tod erreicht hat.

Bestattungspraktiken im Judentum

Bestattungspraktiken im Judentum haben eine besondere Bedeutung und werden von alten Gesetzen und Traditionen geregelt. Jüdische Bestattungen sind eine Zeit des Trauerns, aber auch des Respekts und der Ehrung für den Verstorbenen. Die Praktiken haben sich im Laufe der Zeit entwickelt, aber ihre Bedeutung und Wichtigkeit sind unverändert geblieben.

Eine der wichtigsten Bestattungspraktiken im Judentum ist die Beerdigung. Die jüdische Tradition verlangt, dass der Körper des Verstorbenen so schnell wie möglich begraben wird, idealerweise innerhalb von 24 Stunden nach dem Tod. Diese Praxis geht auf biblische Zeiten zurück und basiert auf den Lehren des Talmuds. Die schnelle Beerdigung wird als Akt des Respekts gegenüber dem Verstorbenen und als Möglichkeit betrachtet, ihm beim Übergang ins Jenseits zu helfen.

Die Einäscherung ist im Judentum verboten, da sie als Verletzung der körperlichen Integrität des Verstorbenen betrachtet wird. Die körperliche Unversehrtheit wird als wichtiger Teil der Person betrachtet, auch nach dem Tod. Der Körper des Verstorbenen muss mit Respekt und Würde behandelt werden, und das beinhaltet seine vollständige Beerdigung.

Vor der Beerdigung wird der Körper des Verstorbenen gemäß dem jüdischen Gesetz für die ewige Ruhe vorbereitet. Dies beinhaltet die rituelle Reinigung, bekannt als Tahara, sowie das Einwickeln des Körpers in ein weißes Leichentuch. Die rituelle Reinigung wird von einer Gruppe ehrenamtlicher Helfer der jüdischen Gemeinde namens Chevra Kadisha durchgeführt. Das weiße Leichentuch symbolisiert Reinheit und Einfachheit und erinnert den Verstorbenen daran, dass alle Menschen vor Gott gleich sind.

Bei den Bestattungen tragen die Familienangehörigen zerrissene Kleidung, um ihren Schmerz und ihre Verlust auszudrücken. Diese Praxis, bekannt als Kriah, ist ein symbolischer Akt der Trauer. Die zerrissene Kleidung repräsentiert den Verlust und den Schmerz, den die Angehörigen des Verstorbenen empfinden. Besucher werden auch ermutigt, ein Stück ihrer Kleidung zu zerreißen, um ihr Mitgefühl auszudrücken.

Das Kaddisch ist ein wichtiges Gebet, das bei den Bestattungen und während der Trauerzeit rezitiert wird. Dieses Gebet, das auf Hebräisch rezitiert wird, ist ein Lob an Gott und eine Bekräftigung des Glaubens an das ewige Leben. Das Kaddisch wird oft von einem engen Verwandten oder einem Freund des Verstorbenen rezitiert. Es wird auch während des täglichen Gebets in den Synagogen während der Trauerzeit rezitiert.

Die Trauer im Judentum ist eine siebentägige Zeit, die Shiva genannt wird. In dieser Zeit bleiben die Familienmitglieder und engen Freunde des Verstorbenen im Haus der Familie und erhalten Kondolenzbesuche. Spiegel werden oft abgedeckt, um die trauernden Personen daran zu hindern, sich selbst anzusehen, und die Besucher bringen Essen mit, um die trauernde Familie zu entlasten. Diese Zeit soll es den Familienmitgliedern ermöglichen, sich auf ihre Trauer zu konzentrieren und Unterstützung und Hilfe von der Gemeinschaft zu erhalten. Während dieser Zeit sollen die Familienmitglieder nicht arbeiten, keine Lederschuhe tragen oder sich waschen, da diese Aktivitäten als Vergnügen angesehen werden, die während der Trauer nicht angemessen sind.

Nach Abschluss der Shiva-Periode beginnen die Familienmitglieder eine 30-tägige Periode namens Shloshim. Während dieser Zeit tragen die Familienmitglieder weiterhin zerrissene Kleidung und rezitieren das Kaddisch-Gebet. Freizeitaktivitäten werden vermieden und die Familienmitglieder meiden große soziale Ereignisse. Nach der Shloshim-Periode setzt die Trauer ein Jahr lang fort, mit rituellen Verpflichtungen zu bestimmten Zeiten im Jahr.

Die Bestattungspraktiken im Judentum haben eine tiefe spirituelle und symbolische Bedeutung. Sie zeugen vom jüdischen Glauben an das ewige Leben und von der Bedeutung der körperlichen Unversehrtheit des Verstorbenen. Jüdische Bestattungen sind auch eine Gelegenheit für die Mitglieder der Gemeinschaft, sich zu versammeln und sich gegenseitig in Zeiten der Trauer zu unterstützen.

Bestattungspraktiken im Hinduismus

Im Hinduismus wird der Tod als natürlicher Schritt im Leben betrachtet, aber auch als wichtiger Übergang zu einem neuen Leben. Die Bestattungspraktiken im Hinduismus sind daher von tief verwurzelten religiösen und spirituellen Überzeugungen geprägt.

Der Hinduismus ist eine Religion, die reich an Traditionen und Ritualen ist, die darauf abzielen, den Seelen der Verstorbenen zu helfen, den Tod zu überwinden und den Frieden im Jenseits zu erreichen. Eine der häufigsten Bestattungspraktiken im Hinduismus ist die Kremation, die als wichtiger Schritt betrachtet wird, um die Seele von ihrem physischen Körper zu befreien. Gemäß der Tradition sollte der Körper auf einem Scheiterhaufen verbrannt werden, begleitet von Gebeten und Ritualen, um die Seele des Verstorbenen bei ihrem Übergang in die geistige Welt zu unterstützen.

Nach der Kremation werden die Asche oft in einem heiligen Fluss wie dem Ganges verstreut, der als Ort der spirituellen Reinigung gilt. Diese Praxis wird «Vishnu Samhita» genannt und ist eine Form der Befreiung der Seele des Verstorbenen. Familienangehörige und Freunde sind eingeladen, an diesem Ritual teilzunehmen, um den Verstorbenen zu ehren und sich mit dem Tod auszusöhnen.

Eine weitere wichtige Praxis im Hinduismus ist das «Shraddha», eine Gedenkzeremonie, die organisiert wird, um den Verstorbenen zu ehren. Diese Zeremonie findet in der Regel ein Jahr nach dem Tod statt und umfasst Gebete, Opfergaben und Spenden an Arme. Familienangehörige und Freunde werden eingeladen, daran teilzunehmen, um ihren Respekt und ihre Liebe für den Verstorbenen zum Ausdruck zu bringen.

Der Hinduismus umfasst auch den Glauben an die Wiedergeburt und das Leben nach dem Tod. Gemäß der Lehre wird die Seele des Verstorbenen nach dem Tod in einem neuen Leben wiedergeboren, basierend auf den Handlungen, die sie in ihrem vorherigen Leben ausgeführt hat. Die Kremation wird als wichtiger Schritt angesehen, um der Seele zu helfen, sich von ihrem physischen Körper zu befreien und in Frieden ins Jenseits zu gehen.

Neben diesen Praktiken umfasst der Hinduismus auch Rituale, um den Seelen der Verstorbenen bei ihrem Übergang und ihrem Übergang in das Jenseits zu helfen. Dazu gehört die Rezitation heiliger Mantras, die dazu dienen sollen, der Seele zu helfen, sich von ihrem physischen Körper zu lösen und sich mit dem Göttlichen zu verbinden. Familienangehörige werden auch ermutigt, Handlungen der Wohltätigkeit und Großzügigkeit im Namen des Verstorbenen auszuführen, um seine Seele zu erheben.

Bestattungspraktiken im Buddhismus

Im Buddhismus werden Bestattungspraktiken als wichtiger Teil des Lebens und des Todes betrachtet. Gemäß der buddhistischen Tradition wird der Tod als Übergang von einem Zustand zum anderen betrachtet, und die Bestattungspraktiken sollen dem Verstorbenen helfen, diesen Übergang zu bewältigen, indem sie ihm Gebete und Rituale anbieten, die seinen Schmerz lindern und ihm bei einer positiven Wiedergeburt helfen sollen.

Eine der bekanntesten Bestattungspraktiken im Buddhismus ist die Kremation. Gemäß den buddhistischen Lehren ist der Körper nur eine vorübergehende physische Hülle, und die Kremation ermöglicht es der Seele, sich von ihrem Körper zu befreien und ihren Weg zu einer neuen Existenz fortzusetzen. Vor der Kremation wird der Körper des Verstorbenen in der Regel gereinigt, mit weißen Kleidern gehüllt und in einen einfachen Holzsarg gelegt. Die Angehörigen des Verstorbenen versammeln sich um den Körper, um Gebete und Opfer zu bringen.

Neben der Kremation gibt es im Buddhismus weitere Bestattungspraktiken wie traditionelle Trauerfeiern, bei denen eine Reihe von Ritualen durchgeführt werden, um dem Verstorbenen bei der Erlangung des Nirvana zu helfen. Bei diesen Zeremonien versammeln sich die Familienangehörigen und Freunde des Verstorbenen um seinen Körper, um Sutren, Gebete und Gesänge zu rezitieren. Es werden auch Speisen und Räucherstäbchen als Opfergaben dargebracht, um dem Verstorbenen auf seiner Reise zu helfen.

Bestattungen im Buddhismus können auch die Praxis des «vererbten Verdienstes» beinhalten, bei dem die Angehörigen des Verstorbenen Wohltätigkeitsakte ausführen, wie Spenden an Wohltätigkeitsorganisationen oder Gebete für die Verstorbenen, um ihm bei einer positiven Wiedergeburt zu helfen. Gemäß dem buddhistischen Glauben können solche Verdienste dem Verstorbenen helfen, eine positive Wiedergeburt zu erreichen.

Es ist auch erwähnenswert, dass die buddhistischen Bestattungspraktiken von buddhistischen Glaubensrichtungen beeinflusst werden. Es gibt verschiedene buddhistische Schulen, und jede hat ihre eigenen Riten und Traditionen im Zusammenhang mit Bestattungspraktiken.

Bestattungspraktiken für Säkulare / Nicht-Gläubige

Säkulare Bestattungen sind in den letzten Jahren aufgrund des Rückgangs des Einflusses der Religion in der Gesellschaft immer beliebter geworden. Säkulare Bestattungen sind Beerdigungszeremonien, die nicht religiös, sondern eher auf das Leben des Verstorbenen und die Feier seiner Erinnerung ausgerichtet sind.

Der historische Hintergrund für das Aufkommen säkularer Bestattungen steht in enger Verbindung mit der Entwicklung der Säkularisierung der Gesellschaft. Europäische Länder waren die ersten, die säkulare Bestattungen erfuhren, größtenteils durch den Einfluss der Aufklärungsphilosophen und der Französischen Revolution.

In Frankreich, wo säkulare Beisetzungen 1887 legalisiert wurden, wurde der Weg für ihre Entwicklung in ganz Europa geebnet. In den angelsächsischen Ländern werden säkulare

Bestattungen oft als humanistische Bestattungen oder nicht-religiöse Bestattungen bezeichnet. Säkulare Bestattungen stehen im Einklang mit einem allgemeinen gesellschaftlichen Trend zum Individualismus, zur Personalisierung und zur Suche nach Sinn.

Säkulare Bestattungen bieten eine Alternative für Personen, die ihrem verstorbenen Angehörigen Tribut zollen möchten, ohne dies im Rahmen einer religiösen Zeremonie zu tun. Sie ermöglichen es der Familie und den Freunden, das Leben des Verstorbenen auf eine persönlichere Weise zu feiern, seine Leistungen zu würdigen und sich an seine Werte und Persönlichkeit zu erinnern.

Ihr Aufkommen ist mit dem Wandel der Einstellungen gegenüber Tod und Spiritualität verbunden. Immer mehr Menschen betrachten den Tod als natürlichen Schritt im Leben und suchen nach Alternativen zu traditionellen Bestattungsritualen. Immer mehr Menschen betrachten sich auch als spirituell statt als religiös, was bedeutet, dass sie nach nicht-religiösen Möglichkeiten suchen, ihrem verstorbenen Angehörigen Tribute zu zollen.

Säkulare Bestattungen können je nach Glaubensrichtung und Werten des Verstorbenen und seiner Familie viele verschiedene Formen annehmen. Einige Menschen entscheiden sich für eine einfache und intime Zeremonie, während andere eine aufwändigere und festlichere Zeremonie bevorzugen. Die Personalisierung ist ein Schlüsselelement säkularer Bestattungen, da sie es der Familie und den Freunden ermöglicht, das Leben und die Errungenschaften des Verstorbenen auf sinnvolle und authentische Weise zu feiern.

Säkulare Bestattungen können von einem Zeremonienleiter, einem weltlichen Offizianten oder einem Freund oder Familienmitglied durchgeführt werden. Die Zeremonien können Reden, Gedichtlesungen oder Schriften des Verstorbenen, Schweigeminuten, Musik oder Lieder, Videos oder Fotos umfassen. Das Ziel ist es, eine Atmosphäre zu schaffen, die die Persönlichkeit des Verstorbenen widerspiegelt und es seinen Angehörigen ermöglicht, sich liebevoll und respektvoll an ihn zu erinnern.

obwohl säkulare Bestattungen immer beliebter werden, können sie in einigen Teilen der Welt, in denen die Religion eine wichtige Rolle im täglichen Leben spielt, immer noch umstritten sein. Religiöse Überzeugungen können manchmal mit den Entscheidungen der Familien in Bezug auf säkulare Bestattungen in Konflikt geraten, was zu Spannungen und Schwierigkeiten führen kann.

Darüber hinaus können säkulare Bestattungen eine Alternative für Personen sein, die keine religiösen Überzeugungen haben, aber sie können auch eine Option für Menschen aller Glaubensrichtungen sein. Einige Menschen wählen säkulare Bestattungen, weil sie sich mit traditionellen religiösen Bestattungen nicht wohl fühlen, während andere eine Zeremonie bevorzugen, die ihre Lebens- und Todesanschauung widerspiegelt.

Säkulare Bestattungen können auch eine Option für Menschen sein, die die Überzeugungen des Verstorbenen respektieren möchten, während sie sein Leben ehren. Zum

Beispiel könnte eine Person, die sowohl gläubig als auch säkular war, eine Zeremonie wählen, die ihre Spiritualität widerspiegelt, ohne auf eine bestimmte Religion Bezug zu nehmen.

Zusammenfassend bieten säkulare Bestattungen die Möglichkeit, Bestattungsrituale entsprechend den Wünschen des Verstorbenen anzupassen. Die Zeremonien können an die Persönlichkeit und Werte des Verstorbenen angepasst werden und können Elemente wie Lebensgeschichten, Erinnerungen, Videos oder Fotos, Musik oder Lieder oder spezifische Rituale umfassen.

Alternativen und innovative Bestattungspraktiken

Ökodörfer und umweltfreundliche Bestattungen sind alternative Bestattungspraktiken, die in vielen Kulturen weltweit an Bedeutung gewinnen. Diese Praktiken zielen darauf ab, eine ökologische und nachhaltige Alternative zu traditionellen Beisetzungen anzubieten, die teuer sein und negative Auswirkungen auf die Umwelt haben können.

Ökodörfer sind Gemeinschaften, die umweltfreundliche Bestattungspraktiken betonen und biologisch abbaubare Särge und Urnen verwenden sowie den Naturschutz fördern. Diese Gemeinschaften können auf von der Gemeinschaft selbst oder auf Naturschutzgebieten gehaltenen Grundstücken entstehen. Die Mitglieder können dann an einem geschützten und beruhigenden Ort in der Natur beigesetzt werden.

Umweltfreundliche Bestattungen sind ebenfalls eine ökologische Alternative zu traditionellen Bestattungen. Sie beinhalten die Verwendung von biologisch abbaubaren Särgen und Urnen, den Verzicht auf chemische Konservierungsmittel bei der Einbalsamierung sowie die Beisetzung in Naturschutzgebieten oder speziell dafür vorgesehenen Gebieten. Diese Praktiken zielen darauf ab, die negativen Umweltauswirkungen herkömmlicher Bestattungen zu reduzieren und gleichzeitig eine naturfreundliche Option für Verstorbene anzubieten.

Ökodörfer und umweltfreundliche Bestattungen werden in

vielen Ländern immer beliebter, insbesondere in Nordamerika und Europa. Sie werden auch von Umweltorganisationen unterstützt, die nachhaltige Praktiken in allen Bereichen des menschlichen Lebens fördern, einschließlich des Todes.

Diese Praktiken können auch eine kulturelle Alternative zu traditionellen Bestattungen bieten, die es den Menschen ermöglicht, ihren Tod und ihre Trauer im Einklang mit ihren Umwelt- und Kulturwerten zu erleben. Ökodörfer und umweltfreundliche Bestattungen können auch kostengünstiger sein als traditionelle Bestattungen, was für Menschen, die Geld sparen möchten und dennoch eine kulturgerechte und umweltfreundliche Zeremonie wünschen, ein wichtiger Faktor sein kann.

Dennoch können diese Praktiken in einigen Ländern immer noch auf rechtliche und regulatorische Hindernisse stoßen, die ihre Entwicklung und Akzeptanz durch die Menschen behindern können. Daher müssen Anstrengungen unternommen werden, um eine günstige Gesetzgebung für diese Praktiken zu fördern sowie die Menschen über ihre Existenz und ihren Wert aufzuklären.

Kohlearme Kremation und andere umweltfreundliche Alternativen

Kohlearme Kremation und andere umweltfreundliche Alternativen werden weltweit immer beliebter. Viele Menschen suchen nach umweltfreundlicheren Optionen für ihren eigenen Tod oder den ihrer Angehörigen. In diesem Abschnitt werden diese Alternativen untersucht und ihr Einfluss auf die

Umwelt und die Gesellschaft betrachtet.

Kohlearme Kremation ist eine umweltfreundliche Alternative zur traditionellen Kremation, bei der fossile Brennstoffe zur Erzeugung von Wärme verwendet werden. Diese Methode nutzt erneuerbare Energiequellen wie Solarenergie, Windkraft oder Wasserkraft, um Strom für die Kremation zu liefern. Durch den Einsatz dieser erneuerbaren Energiequellen kann die Kohlearme Kremation die CO2-Bilanz der traditionellen Kremation erheblich reduzieren.

Es gibt jedoch auch andere umweltfreundliche Alternativen wie umweltfreundliche Bestattungen und ökodörfer. Umweltfreundliche Bestattungen umfassen die Verwendung von biologisch abbaubaren Särgen und geschützten Landflächen, um die Natur sich natürlich erholen zu lassen. Ökodörfer sind ökologische Gemeinschaften, die umweltfreundlichere Bestattungsoptionen wie umweltfreundliche Bestattungen und kohlearme Kremationen bieten.

Diese umweltfreundlichen Alternativen bieten ökologische, soziale und wirtschaftliche Vorteile. Sie können die Treibhausgasemissionen reduzieren, die Natur erhalten, nachhaltige und ethische Praktiken fördern und den trauernden Familien eine persönlichere und bedeutsamere Erfahrung bieten.

Diese Alternativen bringen jedoch auch Herausforderungen und Grenzen mit sich. Zum Beispiel können staatliche Vorschriften die Verwendung einiger alternativer Bestattungspraktiken einschränken und die Kosten können höher sein als bei herkömmlichen Optionen. Darüber hinaus fühlen sich manche Menschen möglicherweise nicht wohl bei alternativen Bestattungspraktiken, die von familiären und kulturellen Traditionen abweichen.

Trotz dieser Herausforderungen spiegelt das wachsende Interesse an umweltfreundlichen Alternativen für Bestattungspraktiken einen größeren Trend zu einem nachhaltigeren und verantwortungsbewussteren Lebensstil wider. Die Menschen suchen nach Wegen, um respektvoller mit der Umwelt zu leben und zu sterben und sich ihrer Auswirkungen auf den Planeten bewusst zu sein.

Letztendlich bieten umweltfreundliche Alternativen Menschen eine Wahlmöglichkeit, die die Umwelt schützen und ihnen eine respektvolle, naturverbundene Bestattung ermöglichen möchte. Diese Optionen bieten auch trauernden Familien die Möglichkeit, auf eine sinnvolle und persönliche Weise mit ihrem Verstorbenen in Verbindung zu treten.

Ascheverstreuung und kreative Memorialisierung

Ascheverstreuung und kreative Memorialisierung sind alternative Bestattungspraktiken, die in den letzten Jahren an Beliebtheit gewonnen haben. Die Ascheverstreuung beinhaltet das Verstreuen der Asche eines Verstorbenen an einem von der Familie oder dem geliebten Menschen gewählten Ort. Diese Praxis kann an einem für den Verstorbenen bedeutsamen Ort wie einem Lieblingsurlaubsort, am Strand oder in den Bergen durchgeführt werden. Bei der kreativen Memorialisierung werden die Asche des Verstorbenen verwendet, um ein Erinnerungsstück wie eine Skulptur oder ein Gemälde zu schaffen.

Diese Praktiken werden oft von Menschen gewählt, die den Trauerprozess personalisieren und ihrem geliebten Menschen auf einzigartige Weise Tribut zollen möchten. Dies ermöglicht es auch, die Kosten für herkömmliche Bestattungen zu reduzieren und flexibler in Bezug auf die Art und Weise zu sein, wie der Verstorbene geehrt wird.

Die Ascheverstreuung kann auf verschiedene Arten durchgeführt werden, je nach den Wünschen der Familie und den örtlichen Vorschriften. Einige Menschen wählen die Verstreuung der Asche im Meer, während andere sie lieber in einem Park oder Garten verstreuen möchten. Es ist wichtig zu beachten, dass die Ascheverstreuung gemäß den örtlichen Regeln verantwortungsvoll und umweltgerecht erfolgen muss.

Die kreative Memorialisierung ermöglicht es Familien und Freunden, ein einzigartiges Erinnerungsstück zu schaffen, das für immer aufbewahrt werden kann. Diese Praxis kann besonders bedeutsam für Menschen sein, die einen geliebten Menschen auf tragische oder unerwartete Weise verloren haben, da sie ihnen die Möglichkeit gibt, ein Objekt zu schaffen, das an das Leben und Vermächtnis ihres geliebten Menschen erinnert.

Es ist wichtig zu beachten, dass diese Praktiken nicht für alle geeignet sind. Einige Menschen bevorzugen traditionelle Bestattungen mit Beerdigung oder vollständiger Kremation,

während andere religiöse oder kulturelle Überzeugungen
haben, die sie daran hindern, alternative Praktiken zu
wählen. Der Respekt vor den Wünschen des Verstorbenen
und der Familie in Bezug auf Bestattungspraktiken ist von
entscheidender Bedeutung.

Kryokonservierung und Körperkonservierung

Kryokonservierung und Körperkonservierung sind zwei
alternative Bestattungspraktiken, die in den letzten Jahren
viel Interesse und Diskussion hervorgerufen haben. Die
Kryokonservierung besteht darin, den Körper einzufrieren,
in der Hoffnung, dass die zukünftige Technologie es
ermöglichen wird, ihn wieder zum Leben zu erwecken,
sobald Krankheit oder Todesursache geheilt sind. Die
Körperkonservierung dagegen zielt darauf ab, den Körper in
seinem natürlichen Zustand für eine längere Zeit zu erhalten,
in der Regel zu medizinischen oder wissenschaftlichen
Zwecken. Obwohl diese Praktiken noch nicht weit verbreitet
sind, stellen sie wichtige ethische und moralische Fragen.

Die Kryokonservierung wird oft als Versuch angesehen, mit
dem Tod zu spielen oder ihn sogar herauszufordern. Sie
basiert auf der Annahme, dass zukünftige Technologien es
ermöglichen werden, den Körper zu einem späteren Zeitpunkt
wiederzubeleben, nachdem Krankheit oder Todesursache
geheilt sind. Dies beinhaltet auch die Annahme, dass das
Bewusstsein und die Identität der Person erhalten und
wiederhergestellt werden, was komplexe Fragen zur Natur des
menschlichen Daseins und der Sterblichkeit aufwirft.

Die Körperkonservierung kann aus einer Vielzahl von medizinischen oder wissenschaftlichen Gründen erfolgen. Körper können für anatomische Studien, Medikamententests oder Forschungen zu Krankheiten aufbewahrt werden. Obwohl die Körperkonservierung nicht darauf abzielt, die Person wieder zum Leben zu erwecken, wirft sie ähnliche Fragen nach dem Einfluss der Technologie auf unser Verständnis von Tod und Leben auf.

Trotz ihres Interesses und ihres Potenzials für den Fortschritt der Wissenschaft werfen die Kryokonservierung und die Körperkonservierung wichtige ethische Fragen auf. Einige Kritiker halten die Kryokonservierung für einen Versuch, sich gegen die Natur zu stellen und mit dem Tod zu spielen. Andere betrachten die Körperkonservierung als eine Form von Obsession mit Unsterblichkeit, die die Realitäten des Lebens und des Todes nicht berücksichtigt.

Es ist auch wichtig zu beachten, dass Kryokonservierung und Körperkonservierung nicht für jeden zugänglich sind. Sie sind oft sehr kostenintensiv und erfordern spezielle Infrastrukturen und Technologien. Das bedeutet, dass diese Praktiken den am meisten Wohlhabenden vorbehalten sein können und somit eine soziale Kluft in den Bestattungspraktiken schaffen.

Es ist auch möglich, andere innovative Alternativen wie die Alkalidissolution oder die Umwandlung in synthetischen Diamant zu betrachten. Diese Methoden mögen futuristisch erscheinen, aber sie sind bereits an einigen Orten auf der Welt verfügbar und bieten eine einzigartige und personalisierte Alternative für Bestattungen.

Letztendlich sind Kryokonservierung und Körperkonservierung faszinierende Praktiken, die das Potenzial haben, unser Verständnis von Tod und Leben zu verändern. Es ist jedoch wichtig, über die ethischen und moralischen Implikationen dieser Praktiken sowie deren Zugänglichkeit und Kosten nachzudenken. Die durch diese Praktiken aufgeworfenen Fragen sind komplex, bieten aber auch eine einzigartige Gelegenheit, unsere Überzeugungen und unsere Beziehung zum Tod neu zu überdenken.

Schlussfolgerung

Die Rolle der Bestattungspraktiken für das Verständnis von Kulturen

Bestattungspraktiken sind Rituale und Traditionen, die den Tod eines Individuums in einer bestimmten Kultur begleiten. Diese Praktiken haben eine tiefe und bedeutsame Bedeutung für die Gemeinschaften, die sie praktizieren, da sie ihre Glaubensvorstellungen, Werte und kulturellen Traditionen widerspiegeln, die ihre kollektive Identität prägen. In diesem Sinne kann die Untersuchung der Bestattungspraktiken uns wertvolle Einblicke in Kulturen auf der ganzen Welt bieten und uns helfen, die Einstellungen der Gesellschaften zum Tod, zur Trauer und zum Leben nach dem Tod zu verstehen.

Bestattungspraktiken werden oft als immaterielles kulturelles Erbe einer Gesellschaft betrachtet. Sie können als Manifestationen der materiellen Kultur untersucht werden, wie Bestattungsobjekte, Kleidung und Rituale, oder als symbolischer Ausdruck der immateriellen Kultur, wie religiöse Überzeugungen, Rituale und Trauerlieder. Bestattungspraktiken können auch als Mittel für Gemeinschaften betrachtet werden, um sich bei Verlust eines geliebten Menschen zu versammeln und Trost zu spenden.

Die Untersuchung der Bestattungspraktiken kann auch dazu beitragen, die sozialen Normen und Werte einer Kultur aufzudecken. Bestattungspraktiken können Informationen über Vorstellungen von Leben, Tod und dem Jenseits sowie über den Glauben an die Rolle der Vorfahren im Leben der

Gemeinschaft liefern. Sie können auch Unterscheidungen hinsichtlich Geschlecht, Alter, sozialer Status oder Klasse innerhalb einer Gesellschaft aufzeigen, da bestimmte Bestattungspraktiken bestimmten Gruppen vorbehalten sein können.

Bestattungspraktiken können auch ein Mittel sein, um historische Veränderungen und kulturelle Transformationen innerhalb einer Gesellschaft zu erfassen. Veränderungen in den Bestattungspraktiken können auf Veränderungen in religiösen Überzeugungen, sozialen Normen, politischen und technologischen Entwicklungen hinweisen. Zum Beispiel spiegeln zeitgenössische Bestattungspraktiken wie ökologische Bestattungen und grüne Begräbnisse ein wachsendes Umweltbewusstsein und Nachhaltigkeitsinteresse wider.

Letztendlich kann die Untersuchung der Bestattungspraktiken dazu beitragen, unsere eigene Beziehung zum Tod und zur Trauer besser zu verstehen. Bestattungspraktiken können uns einen Rahmen bieten, um unseren eigenen Verlust zu verstehen und zu bewältigen sowie über die Bedeutung unseres Lebens und Todes nachzudenken. Bestattungspraktiken können uns auch daran erinnern, wie wichtig Gemeinschaft und Solidarität in schwierigen Zeiten sind.

Insgesamt sind Bestattungspraktiken entscheidende Elemente der Weltkultur, die uns wertvolle Einblicke in die Art und Weise geben, wie verschiedene Gesellschaften den Tod und die Trauer verstehen.

Die Auswirkungen der Globalisierung auf Bestattungspraktiken

Die Auswirkungen der Globalisierung auf Bestattungspraktiken sind ein komplexes und sich ständig veränderndes Thema. Mit der zunehmenden Globalisierung wurden Bestattungspraktiken durch den kulturellen Austausch und die Verbreitung neuer Ideen und Technologien beeinflusst. Die Bestattungspraktiken haben sich zu einem universelleren Charakter entwickelt, mit Traditionen und Ritualen, die sich weltweit verbreiten, und dieser Prozess ist im ständigen Wandel.

Die Auswirkungen der Globalisierung auf Bestattungspraktiken lassen sich in vielen Bereichen beobachten. Erstens hat die zunehmende Mobilität von Menschen auf der ganzen Welt zu einer größeren kulturellen Vielfalt in lokalen Gemeinschaften geführt. Dies bedeutet, dass Bestattungspraktiken vielfältiger geworden sind, mit einer größeren Verwendung von Bestattungspraktiken, die aus anderen Kulturen übernommen wurden. Zum Beispiel ist die Praxis der Kremation, die in einigen Kulturen früher selten war, aufgrund des Einflusses der westlichen Kultur verbreiteter geworden.

Darüber hinaus haben technologische Fortschritte auch weltweit Auswirkungen auf Bestattungspraktiken gehabt. Moderne Technologien wie Kühlung und Konservierung des Körpers haben den Menschen ermöglicht, die Vorbereitungszeit für Beerdigungen zu verlängern und mehr Zeit für die Ehre ihrer Angehörigen zu haben. Ebenso haben das Internet und soziale Netzwerke den Menschen ermöglicht, Erinnerungen und Tributes online zu teilen und so neue Möglichkeiten der Ehrung der Verstorbenen zu schaffen.

Schließlich kann der Einfluss der Globalisierung auf Bestattungspraktiken in globalen Trends in Bezug auf Bestattungspraktiken beobachtet werden. Traditionelle Bestattungspraktiken wie Sargbestattungen verlieren zugunsten modernerer Methoden wie Kremation oder Bestattung in biologisch abbaubaren Urnen an Boden. Die Menschen suchen auch nach persönlicheren und kreativeren Möglichkeiten, ihre Angehörigen zu ehren, wie die Schaffung von Gedenkgärten oder die Herstellung von individuellen Trauerschmuck.

Zukünftige Perspektiven und Betrachtungen der Bestattungspraktiken

Eine Betrachtung der Bestattungspraktiken kann nicht vollständig sein, ohne zukünftige Perspektiven in Betracht zu ziehen. Bestattungstraditionen entwickeln sich im Laufe der Zeit und der Kulturen weiter, und diese Entwicklung wird zweifellos weitergehen. Daher ist es wichtig, sich zu fragen, wie sich Bestattungspraktiken in Zukunft entwickeln werden und wie dies die Glaubensvorstellungen und kulturellen Traditionen beeinflussen wird.

Eine aktuelle Entwicklung ist die Personalisierung von Beerdigungen. Einzelpersonen suchen nach Möglichkeiten, ihre Zeremonie einzigartig zu gestalten, indem sie Elemente aus ihrem Leben, ihren Leidenschaften oder Überzeugungen einschließen. Diese Tendenz zeigt sich auch bei weltlichen

Beerdigungen, bei denen die Zeremonien darauf abzielen, die Persönlichkeit des Individuums widerzuspiegeln, anstatt religiösen oder kulturellen Traditionen zu folgen.

Darüber hinaus gibt es ein zunehmendes Interesse an umweltfreundlichen Bestattungspraktiken. Die Menschen suchen nach umweltfreundlichen Alternativen zur traditionellen Kremation, wie kohlenstoffarme Kremation, und nach respektvollen Möglichkeiten, die Asche zu verstreuen, wie zum Beispiel das Pflanzen von Bäumen zu Ehren der Verstorbenen. Diese Tendenz zeigt sich auch in ökologischen Bestattungsdörfern, in denen Körper in natürlichen Gebieten ohne die Verwendung von Kunststoffsärgen oder Chemikalien beerdigt werden.

Schließlich kann die Technologie eine zunehmende Rolle in Bestattungspraktiken spielen. Die Menschen können die Technologie nutzen, um ihre eigene Bestattungszeremonie vorzubereiten, um mit Freunden und Familienmitgliedern zu kommunizieren, um Gedenkveranstaltungen online zu organisieren, um Fotos und Videos zu archivieren und um online Erinnerungen an ihren geliebten Menschen zu bewahren.

Es ist wichtig zu beachten, dass all diese Trends sich nicht gegenseitig ausschließen und kombiniert werden können, um einzigartige, umweltfreundliche und individuelle Beerdigungen zu schaffen.

Alles in allem deuten zukünftige Perspektiven auf Bestattungspraktiken auf eine Kontinuität in der Entwicklung von Bestattungspraktiken und eine Zunahme von

Personalisierung, Umweltbewusstsein und Technologie hin.
Diese Entwicklungen ermöglichen es uns, über die Bedeutung
dieser Traditionen in unserem Leben nachzudenken und
sie anzupassen, um unsere Kultur und Individualität besser
widerzuspiegeln.

Dankeswort

Sehr geehrter Leser,

Zunächst möchte ich Ihnen meine aufrichtige Dankbarkeit
dafür aussprechen, dass Sie Ihre Zeit und Energie
aufgewendet haben, um dieses Werk «Erkundung von
Bestattungspraktiken auf der ganzen Welt» zu lesen. Die
Reise, die wir gemeinsam durch diese Seiten unternommen
haben, ist das Ergebnis einer langen und faszinierenden
Forschung, die es mir ermöglicht hat, die vielfältigen und
faszinierenden Facetten der Bestattungspraktiken in
verschiedenen Kulturen und Zeiten zu erkunden.

Auf unserem Weg wie ein Fluss, der durch die Windungen
der Geschichte schlängelt, haben wir über Kontinente
und Jahrhunderte hinweg Bereiche erkundet und dabei
entdeckt, wie unsere Vorfahren, nah oder fern, das Leben
und den Tod zelebriert haben und wie ihre Rituale unsere
Beziehung zur Vergänglichkeit geprägt haben. Von der
Pracht der ägyptischen Pyramiden über bewegende weltliche
Zeremonien bis hin zu den von Weisheit geprägten Ritualen
der Aborigines haben wir gemeinsam ein Kaleidoskop
von Geschichten, Anekdoten und Traditionen gewebt, das
hoffentlich Sie genauso bereichert hat wie mich.

Damit dieses Abenteuer so aufschlussreich und faszinierend wie möglich ist, habe ich seltene Perlen an Informationen aufgespürt und viele Quellen verglichen, um meine Argumente zu stützen und eine solide und gut dokumentierte Erzählung zu liefern. Jede Seite dieses Buches wurde mit Leidenschaft und Begeisterung geschrieben, in der Hoffnung, Ihnen die Schönheit und Komplexität der Bestattungsrituale, die die Jahrhunderte überdauert haben und sich weiterentwickeln, näherzubringen.

Ich hoffe aufrichtig, dass Sie diese Reise genossen haben und dass das erworbene Wissen Ihnen einen frischen und aufgeklärten Blick darauf ermöglicht, wie verschiedene Kulturen und Religionen den Tod verstehen und das Andenken an ihre Verstorbenen ehren. Vielleicht haben Sie sich von einigen dieser Praktiken berühren lassen oder wurden inspiriert oder haben einfach nur Bräuche und Überzeugungen entdeckt, die Ihnen zuvor unbekannt waren. In jedem Fall hoffe ich, dass diese Erkundung Ihnen geholfen hat, die Verbindungen zu verstehen, die die Menschen über die Zeit und den Globus hinweg verbinden, und die Vielfalt der kulturellen Ausdrucksformen zu schätzen, die den Übergang vom Leben zum Tod begleiten.

Abschließend bedanke ich mich erneut für Ihre Neugierde und Ihr Engagement beim Lesen dieses Buches. Es sind Leser wie Sie, die nach Wissen und Offenheit streben, die mir die Energie und Motivation geben, meine Forschungen fortzusetzen und die unendlichen Reichtümer unserer Geschichte und Traditionen weiter zu erkunden. In der Hoffnung, dass dieses Werk noch lange in Ihrer Erinnerung verankert bleiben wird.

Mit meiner tiefsten Dankbarkeit,

Gilbert.

www.ingramcontent.com/pod-product-compliance
Lightning Source LLC
Chambersburg PA
CBHW050742260726
48661CB00001B/369